scala  Lektüre für den binnendifferenzierten Lateinunterricht

Zwischen Nähe und Distanz

Eltern-Kind-Erzählungen in Ovids Metamorphosen

Lehrerkommentar

Erarbeitet von Verena Göttsching
und Ingvelde Scholz

C.C.BUCHNER

scala Lektüre für den binnendifferenzierten Lateinunterricht

Herausgegeben von Ingvelde Scholz

Heft 1: Zwischen Nähe und Distanz
Lehrerkommentar
Erarbeitet von Verena Göttsching und Ingvelde Scholz

1. Auflage 1 $^{3\,2\,1}$ 2015 14 13

Die letzte Zahl bedeutet das Jahr dieses Drucks.
Alle Drucke dieser Auflage sind, weil untereinander unverändert,
nebeneinander benutzbar.

Dieses Werk folgt der reformierten Rechtschreibung und
Zeichensetzung. Ausnahmen bilden Texte, bei denen künst-
lerische, philologische oder lizenzrechtliche Gründe einer
Änderung entgegenstehen.

www.ccbuchner.de

Lektorat Jutta Schweigert
Umschlaggestaltung, Layout und Satz
Farnschläder & Mahlstedt, Hamburg
Druck und Bindung Pustet, Regensburg

ISBN 978-3-7661-5491-0

Inhalt

Vorwort

Sehr geehrte Kollegin, sehr geehrter Kollege,

> »Gleichen Schritt und Tritt zu verlangen beachtet nicht die unterschiedliche Anstrengung für kleine und große Beine. Auch im Intellektuellen und Geistigen bedeuten Gleichschritt und Gleichtakt die Schwächung der Schwächeren und die Behinderung der Stärkeren.« (Ruth Cohn, 1993)

Die Erfahrungen zeigen, dass bereits in der Spracherwerbsphase beim Lernen im Gleichschritt leistungsschwächere Schüler entmutigt werden und abschalten, während es den besonders Begabten und Interessierten schnell langweilig wird.

Diese bereits im Lehrbuchunterricht bestehende Heterogenität wird in der Lektürephase der folgenden Klassen- bzw. Jahrgangsstufen oft noch durch weitere Rahmenbedingungen verstärkt:

- Mit Beginn der Lektürephase werden in einigen Bundesländern Schüler mit Latein ab Klasse 5 gemeinsam mit Schülern unterrichtet, die Latein erst zu einem späteren Zeitpunkt belegt haben.
- In der Oberstufe wird ein breites Lateinangebot vor allem in kleineren Schulen oft nur dadurch möglich, dass es – je nach Rahmenbedingungen des Bundeslandes – sog. »Huckepack-Kurse« (Kombination aus Grund- und Leistungskurs) gibt.
- Manche Schulen bieten auch jahrgangsübergreifende Kurse an, in denen einige Schüler bereits ein Jahr lang Kursstufenunterricht erhalten haben, während andere Schüler gerade erst in die Kursstufe eintreten.
- Vielerorts nimmt die Heterogenität in der Kursstufe noch dadurch zu, dass ein Teil der Lerngruppe Latein als Prüfungsfach gewählt hat und auf die anstehende Abiturprüfung vorbereitet werden muss, während ein anderer Teil keine Prüfung ablegen muss.

Statt unseren Lateinunterricht an einem fiktiven Durchschnittsschüler auszurichten, sind wir daher vor allem für die Lektürephase gut beraten, uns der immer stärker werdenden Vielfalt bewusst zu werden und ihr durch differenzierende und individualisierende Maßnahmen so weit wie möglich gerecht zu werden.

Mit der neuen Lektürereihe *scala* wollen wir zwei grundlegende Dimensionen der Heterogenität berücksichtigen:

- **Vertikale Differenzierung bei der Übersetzung:** Um den unterschiedlichen sprachlichen Fähigkeiten der Jugendlichen gerecht zu werden, erhalten die Schüler für die Übersetzungsarbeit nach Anforderungsniveau differenzierte Lernangebote. Zu ausgewählten Textpassagen werden jeweils der Originaltext und eine vereinfachte *scala*-Version sowie ggf. weitere Hilfsangebote

zur Verfügung gestellt. Im Laufe der Lektüre werden die Unterstützungs-
angebote freilich behutsam zurückgenommen und somit die Anforderungen an die Jugendlichen kontinuierlich gesteigert, um die Lernenden
sukzessive vom geringeren zum besseren Können zu befähigen.

- **Horizontale Differenzierung bei der Interpretation:** Für die Interpretation der ausgewählten Textpassagen gibt es jeweils Aufgaben zum lateinischen Originaltext sowie weiterführende und vertiefende Aufgaben, aber auch ergän-
  zende Text- und Bildmaterialien. Die mit F (= Fundamentum) ausgewiese-
  nen Aufgaben sind Pflicht- oder Wahlpflichtaufgaben, die sich auf
  grundlegende Aspekte der Textarbeit beziehen. Die mit A (= Additum) bezeichneten Aufgaben stellen die Kür dar, bei der die Schüler entsprechend
  ihren Interessen und Zugangsweisen individuelle Schwerpunkte setzen
  können. Diese Form der horizontalen Differenzierung erhöht die Motiva-
  tion und sorgt darüber hinaus bei der anschließenden Präsentation für
  eine große Perspektivenvielfalt.

Der **Lehrerkommentar** wird mit didaktisch-methodischen Hinweisen zum
Thema und zur Textauswahl sowie mit Anregungen zur Übersetzung und
Interpretation eröffnet.

Die anschließenden Hauptkapitel sind der Daphne- und der Phaëthon-
Erzählung gewidmet und folgendermaßen aufgebaut:

- Am Anfang steht jeweils eine kurze Einordnung der jeweiligen Episode in
  den Gesamtkontext mit Hinweisen für die Umsetzung im Unterricht.
- Anschließend werden die Texte samt metrischer Analyse präsentiert.
- Es sei ausdrücklich darauf hingewiesen, dass die Längen über den Vokalen
  grundsätzlich für die gesamte Silbe gelten[1] und nichts darüber aussagen,
  ob der jeweilige Vokal lang oder kurz gesprochen wird. Es folgen Hinweise
  und Lösungsvorschläge sowie – sofern sinnvoll – Tafelbilder zu den einzelnen Arbeitsaufträgen.
- Der Lehrerkommentar schließt mit zwei Vorschlägen für eine Klassenarbeit samt Erwartungshorizont.

Mit der binnendifferenzierten Lektürereihe *scala* soll jeder Lateinschüler ein
möglichst passgenaues Lernangebot für die Lektürephase erhalten. Doch
auch der Lehrer kann und soll selbstverständlich die Möglichkeit nutzen, aus
den verschiedenen Aufgaben und Materialien diejenigen auszusuchen, die
ihm zur Förderung der Stärken oder zur Aufarbeitung von Defiziten einzel-
ner Schüler besonders sinnvoll erscheinen.

---

1 Aus typographischen Gründen und wegen der Übersichtlichkeit wurde darauf verzichtet,
  jeweils die gesamte Silbe mit einer Länge zu versehen.

Wir wollen damit den Lehrer entlasten wie auch jedem Schüler unmittelbare Erfolgserlebnisse verschaffen und einen Kompetenzzuwachs ermöglichen, der in großen oder kleinen Schritten erfolgen kann. Alle Schülerinnen und Schüler sollen gleichermaßen gefördert und gefordert werden und ihre Fähigkeiten weiterentwickeln. Dabei soll akzeptiert werden, dass trotz intensiven Bemühens nicht alle zu Höchstleistungen gelangen können oder wollen. Das Ziel eines differenzierten Unterrichts kann deshalb nur darin bestehen, die Kenntnisse und Fähigkeiten möglichst vieler Schülerinnen und Schüler zu verbessern, ohne alle Schüler auf denselben Leistungsstand zu bringen.

Wir wünschen Ihnen und Ihren Schülerinnen und Schülern mit dem binnendifferenzierten Lektüremodell viel Freude und gutes Gelingen!

Verena Göttsching und Ingvelde Scholz
Freiburg im Breisgau und Schwäbisch Gmünd, im Herbst 2012

Thema

Die Beschäftigung mit Eltern-Kind-Beziehungen erfreut sich von der Antike bis in unsere Gegenwart hinein großer Beliebtheit. Auch unsere Schülerinnen und Schüler setzen sich – vor allem während der Pubertät – mit ihren Eltern auseinander. Auf ihrem Weg zu eigenständigen und erwachsenen Persönlichkeiten tarieren die Jugendlichen das Verhältnis von Nähe und Distanz immer wieder neu aus.

Ovids *Metamorphosen* bieten eine Fülle von Erzählungen, in denen das Verhältnis zwischen Eltern und Kindern in all seinen Facetten thematisiert wird. Die Lektüre der Verwandlungsgeschichten regt dazu an, sich mit den Aussagen kritisch auseinanderzusetzen und Gemeinsamkeiten und Unterschiede zur Gegenwart herauszuarbeiten. Die Kontrastierung und Parallelisierung antiker Texte mit der heutigen Zeit setzen freilich voraus, dass die Schüler auch im Hinblick auf die antike Sichtweise grundlegende Kenntnisse zu dieser Thematik erworben haben. Die erforderlichen Informationen können in Form eines Lehrervortrags, eines Schülerreferats, aber auch durch entsprechende Zusatztexte an geeigneter Stelle vermittelt werden.

Im Folgenden sollen die wichtigsten Aspekte[1], die zum besseren Verständnis der ausgewählten Textpassagen beitragen, skizziert werden:

- Der Familie kommt im Leben der Römer eine zentrale Rolle zu. Die einzelnen Individuen sind in die Familie eingebunden und dafür verantwortlich, ihre Interessen und ihren Fortbestand zu sichern. Zugleich können jedem einzelnen Familienmitglied aus der Familie Ansehen und Ruhm erwachsen.
- An der Spitze der Familie steht der *pater familias*, dem aufgrund seiner *patria potestas* uneingeschränkte Gewalt über Leben und Tod aller Familienmitglieder zukommt. Als Familienoberhaupt hat er die Verantwortung in allen religiösen, rechtlichen und wirtschaftlichen Belangen. Seine außerordentlichen Rechte werden freilich durch außerrechtliche Bindungen wie die Anforderungen der *pietas* oder die Sorge um den guten Ruf begrenzt.
- Bereits in der Antike wurde vereinzelt Kritik an den allzu großen Befugnissen des *pater familias* laut. Doch lassen sich auch Beispiele aus der antiken Literatur entgegenhalten, die diese Vorstellung vom übermächtig wirkenden Familienvater relativieren oder gar widerlegen können.
- In der frühen Zeit der Republik sind auch die Ehefrauen dem *pater familias* unterstellt. Im privaten Bereich genießen sie freilich eine verhältnismä-

---

1 Vgl. im Folgenden BENDER (1987), 2–5.

ßig große Freiheit: Sie haben die Federführung in allen Belangen der häuslichen Arbeit, sind für die Erziehung der jüngeren Söhne und Töchter verantwortlich und genießen hohes Ansehen in der Familie. In der ausgehenden Republik bleiben die Töchter auch nach ihrer Heirat in der Gewalt ihres Vaters, der die eheliche Verbindung jederzeit zugunsten einer neuen lösen konnte.

- Die Beziehung zwischen Eltern und Kindern wie auch das Verhältnis unter den Eheleuten ist durch die wechselseitige *pietas* geprägt, die von den Kindern Gehorsam und Unterordnung, von den Eltern Schutz und Fürsorge verlangt. Diese Auffassung steht in engem Bezug zum Ahnenkult der Römer: Die Eltern, die nach ihrem Tod als Hausgötter für die Familie sorgen und von ihren Kindern verehrt werden, sollen diese Aufgabe schon zu Lebzeiten wahrnehmen und dafür die verdiente Anerkennung erhalten.

- Die wechselseitigen Verpflichtungen, Aufgaben und Rechte spiegeln allerdings nur eine Seite der *pietas* wider. Die andere Seite zeigt sich in der zärtlichen Liebe und Zuneigung zwischen Eltern und Kindern, die in authentischen literarischen Portraits oder kurzen Familienszenen in der römischen Dichtung geschildert werden. Dies zeigt, dass das Verhältnis zwischen Eltern und Kindern nicht nur durch Begriffe wie *patria potestas*, *auctoritas* oder *oboedentia* geprägt ist, sondern auch von *amor, indulgentia, caritas* und *dulcedo*.

- Gerade Ovid betont an verschiedenen Stellen die Freude der Eltern an ihren Kindern. So heißt es im 9. Buch der *Metamorphosen*, dass Dryope ihren Sohn als *dulce onus* an ihrer Brust trug (Met. 9,339). Im 6. Buch bezeichnet Pandion seine Tochter Philomela als *lenimen dulce senectae* (Met. 6,500) und bringt Tereus gegenüber zum Ausdruck, dass ihm seine Kinder nicht nur Lebensunterhalt, sondern vor allem Lebensinhalt bedeuten.

Bei der Interpretation der für das vorliegende Lektüreheft ausgewählten Textpassagen werden einige der eben genannten Aspekte aufgegriffen, wie z. B. der Stolz der Eltern auf ihre Kinder und die Liebe zu ihnen, die Zärtlichkeit und die Liebe der Kinder zu ihren Eltern wie auch das Bewusstsein der elterlichen und kindlichen Rechte und Pflichten. Doch Ovids *Metamorphosen* sind weit davon entfernt, eine Familienidylle vorzugaukeln.

In seiner Schilderung der *aetas ferrea* bringt Ovid das Thema »Familie« zum ersten Mal zur Sprache und zeichnet ein sehr düsteres Bild (Met. 1,144B–149A)[1]:

---

1 Die Forschung vermutet, dass in diesen Versen auch Anspielungen auf Ovids eigene Zeit und Kritik an Augustus enthalten sind. Vgl. dazu vor allem SCHMITZER (1990).

Non hospes ab hospite tutus,
non socer a genero, fratrum quoque gratia rara est.
Imminet exitio vir coniugis, illa mariti.
Lurida terribiles miscent aconita novercae.
Filius ante diem patrios inquirit in annos.
Victa iacet pietas.

Die Missachtung der *pietas* wird auch in den ausgewählten Textpassagen an einzelnen Stellen zu beobachten sein.

Textauswahl

Im Mittelpunkt der themenorientierten Werklektüre stehen zwei Erzählungen aus Ovids *Metamorphosen*, in denen verschiedene Aspekte und Fragestellungen der Eltern-Kind-Beziehungen behandelt werden:

- Bei der ersten Erzählung (Met. 1,452–567) liegt das Hauptaugenmerk auf **Daphne,** einer gut aussehenden jungen Frau. Ihre Vorstellungen von einem unabhängigen und naturverbundenen »Single-Dasein« entsprechen weder den Erwartungen ihres Vaters noch denen der damaligen Gesellschaft. Ihr zunächst widerstrebender Vater Peneus fügt sich zwar ihren mit Selbstbewusstsein und weiblichem Charme vorgetragenen Argumenten. Doch er kann es nicht verhindern, dass die Lebenswelt seiner Tochter von einer ganz anderen Realität eingeholt wird: Der Gott Apollo ist Feuer und Flamme für die schöne Daphne und verfolgt sie unablässig; sie kann sich seinem Übergriff nur dadurch entziehen, dass sie ihren Vater bittet, ihre schöne Gestalt zu verwandeln.

- Im Mittelpunkt der zweiten Erzählung (Met. 1,747–2,400) steht **Phaëthon,** ein junger Mann, der sein Selbstbewusstsein vor allem von seiner göttlichen Herkunft bezieht und seine Umgebung mit besonderen Leistungen beeindrucken will. Doch Epaphus, Sohn des Iuppiter, stellt Phaëthon im Streit als jemanden hin, der sich seine göttliche Abstammung nur einbildet. Zutiefst gekränkt sucht der statusorientierte junge Mann seinen Vater Phoebus auf und verlangt von ihm, für einen Tag seinen Sonnenwagen lenken zu dürfen. Trotz großer Bedenken erfüllt der Sonnengott seinem Sohn diesen Wunsch – mit verheerenden Folgen für die Erde und das gesamte Weltall. Um eine globale Katastrophe abzuwenden, schleudert Iuppiter seinen Blitz auf Phaëthon, der schließlich am Rande der Welt in den Strom Eridanus stürzt.

Beide Erzählungen beleuchten im Kontext der Eltern-Kind-Beziehungen verschiedene Aspekte, die bis in die heutige Zeit nichts an ihrer Aktualität eingebüßt haben und auch im Rahmen dieser binnendifferenzierten Lektüre aufgegriffen werden.

Ein besonderes Augenmerk gilt dabei dem Verhältnis zwischen …
- … Nähe und Distanz
- … Grenzen und Freiraum
- … individuellem Glück und gesellschaftlicher Verantwortung
- … Festhalten und Loslassen
- … Fordern und Verwöhnen
- … Anpassung und Widerstand usw.

Die Unterrichtspraxis zeigt, dass nicht nur die Schüler, sondern auch die Lehrkräfte unterschiedliche Schwerpunkte setzen wollen: Während der eine nur einzelne Passagen aus dem Lektüreheft behandeln möchte, will ein anderer den Blickwinkel durch weitere Erzählungen aus Ovids *Metamorphosen* erweitern. Der Lektüreband ist deshalb so konzipiert, dass Kolleginnen und Kollegen im Unterricht beide Erzählungen oder auch nur eine behandeln können. Darüber hinaus ist es möglich, sowohl bei der Übersetzung als auch bei der Interpretation an einzelnen Stellen Kürzungen vorzunehmen.

Kollegen, die das Themenspektrum des Lektürebandes ergänzen oder erweitern möchten, können folgende Erzählungen aus Ovids *Metamorphosen* hinzuziehen: Ceres und Prosperpina (Met. 5,332–571), Niobe (Met. 6,146–312), Progne (Met. 6,412–674), Medea (Met. 7,1–542), Scylla (Met. 8, 6–151), Daedalus und Icarus (Met. 8,183–235), Althaea (Met. 8,445–525), Myrrha (Met. 10,298–502), Hecuba (Met. 13,399–575) u. a. Die genannten Erzählungen können von einzelnen Schülern, Zweierteams oder Kleingruppen unter folgender Aufgabenstellung bearbeitet werden:
- Lesen Sie den lateinisch-deutschen Text und gliedern Sie ihn in sinnvolle Abschnitte. Achten Sie dabei auf Gliederungssignale (z. B. Tempus-, Personen-, Themen- oder Ortswechsel, Signalwörter, Sachfelder) sowie den Spannungsbogen der Erzählung.
- Formulieren Sie den / die Hauptgedanken eines jeden Abschnitts.
- Arbeiten Sie anhand des lateinischen Textes (bitte mit Versangabe) heraus, wie die handelnden Hauptpersonen und ihre Gefühle, Aktionen, Reaktionen usw. dargestellt werden und wie sie zueinander stehen.
- Beschreiben Sie, wie spätere Künstler, Schriftsteller und / oder Musiker die Erzählung aufgegriffen haben, indem Sie Gemeinsamkeiten und Unterschiede zu Ovids Fassung herausarbeiten.

Je nach zur Verfügung stehender Zeit können die Schüler ihre Ergebnisse schriftlich in einer Dokumentationsmappe festhalten oder in Form einer Kurzpräsentation vor der Klasse vorstellen.

Übersetzung

Bei der Übersetzung lateinischer Texte ins Deutsche zeigen sich zwischen den Schülerinnen und Schülern vor allem im Bereich des Anforderungsniveaus und Leistungsvermögens bisweilen deutliche Unterschiede: Während sprachlich begabte Schüler syntaktisch anspruchsvolle und komplexe Texte auch ohne Unterstützung oft gut ins Deutsche übersetzen können, brauchen leistungsschwächere Schüler in der Regel verschiedene Hinweise und Hilfestellungen.

Vertikale Differenzierung

Den unterschiedlichen Kenntnissen und Fähigkeiten der Schülerinnen und Schüler trägt die Lektürereihe *scala* mit einer vertikalen Differenzierung nach Anforderungsniveau Rechnung, indem jeweils auf einer Doppelseite links der Original- und rechts der *scala*-Text abgedruckt ist. Der *scala*-Text ist mit verschiedenen Erleichterungen versehen, die im Laufe der Lektüre immer sparsamer ausfallen. Damit werden alle Schülerinnen und Schüler ermutigt und aufgefordert, sich in großen oder kleinen Schritten der Originallektüre zu nähern.

Um die Möglichkeit zu eröffnen, im Unterricht nur eine der beiden Episoden zu behandeln, findet bei beiden Texten jeweils eine entsprechende Progression statt.

Für die **Daphne-Episode** sind bei den *scala*-Texten folgende Hilfen vorgesehen:
- Text 1: Vereinfachte Wortstellung, Zusammenführung der Hyperbata, Einfügung von Wörtern oder Ergänzung von Ellipsen, Einrückmethode[1], Kennzeichnung der Subjunktionen, Kennzeichnung und Benennung der satzwertigen Konstruktionen
- Text 2: Vereinfachte Wortstellung, Zusammenführung der Hyperbata, Einfügung von Wörtern oder Ergänzung von Ellipsen, Einrückmethode, Kennzeichnung der satzwertigen Konstruktionen (ohne Benennung)
- Text 3: graphische Hervorhebung der Hyperbata[2], Einfügung von Wörtern, Ergänzung von Ellipsen, Einrückmethode

---

1 Hauptsätze stehen ganz links, Nebensätze sind dem Grad ihrer Abhängigkeit entsprechend um eine, zwei oder drei Positionen nach rechts eingerückt.
2 Bei Präpositionalausdrücken wird die Präposition in vielen Fällen ebenfalls farblich hervorgehoben, um den Schülern den Übersetzungsvorgang zu erleichtern.

Didaktisch-methodische Hinweise

Bei der **Phaëthon-Episode** werden die Hilfestellungen im Laufe der Lektüre ebenfalls immer weiter reduziert:

- Text 4: Vereinfachte Wortstellung, Zusammenführung der Hyperbata, Einfügung von Wörtern oder Ergänzung von Ellipsen, Einrückmethode, Kennzeichnung der Subjunktionen, Kennzeichnung und Benennung der satzwertigen Konstruktionen
- Text 5: Vereinfachte Wortstellung, Zusammenführung der Hyperbata, infügung von Wörtern oder Ergänzung von Ellipsen, Einrückmethode, Kennzeichnung der satzwertigen Konstruktionen (ohne Benennung)
- Text 6: graphische Hervorhebung der Hyperbata (ohne Zusammenführung), Einfügung von Wörtern oder Ergänzung von Ellipsen, Einrückmethode, Kennzeichnung der satzwertigen Konstruktionen
- Text 7: graphische Hervorhebung der Hyperbata, Einrückmethode
- Text 8: lediglich graphische Hervorhebung der Hyperbata

Zusätzlich zu den Hilfestellungen weisen die *scala*-Texte ein sog. Textgerüst aus, das farblich hervorgehoben ist. Es zieht sich wie ein roter Faden durch den Text und eröffnet den schwächeren Schülern vor der schriftlichen Übersetzung die Möglichkeit, wie beim diagonalen Lesen einen groben Überblick über das Geschehen und die Handlung zu bekommen.

Bei diesem differenzierten Lernangebot stellt sich die grundsätzliche Frage, wie die Zuordnung der Schüler zu den beiden Anspruchsniveaus erfolgen soll. Selbstverständlich können verschiedene Wege beschritten werden: Auswahl der Textvariante durch die Schüler selbst, Zuordnung durch die Lehrkraft auf der Grundlage der bisherigen Leistungen der Schüler usw. Nach den Erfahrungen des Autorenteams hat es sich in der Unterrichtspraxis bewährt, die Schüler, die sich in aller Regel sehr realistisch einschätzen, selbst wählen zu lassen. Dadurch sollen eine Etikettierung bzw. Stigmatisierung sowie eine einseitige Fixierung durch die Lehrkraft vermieden und die Eigenverantwortlichkeit der Schüler gestärkt werden. Hat ein Schüler sich über- oder unterschätzt, kann er bereits nach kurzer Zeit eine entsprechende Korrektur vornehmen.

Die Entscheidung, ob die Zuordnung offen kommuniziert wird oder nicht, sollte von der Atmosphäre in der Lerngruppe abhängig gemacht werden.

Das Autorenteam hat mit der **offenen Differenzierung** sehr gute Erfahrungen gemacht. In diesem Fall decken die Schüler, die den Originaltext übersetzen, die *scala*-Version mit einem farbigen Papier zu, so dass der Lehrer auf einen Blick sieht, welche Schüler mit welchem Text arbeiten. Steht die Selbsteinschätzung eines Schülers in deutlichem Widerspruch zur Fremdwahrnehmung durch den Lehrer, kann der Lehrer dies zum Anlass zu einem

Gespräch mit dem Schüler nehmen; auf diese Weise können ggf. notwendige Korrekturen vorgenommen oder entsprechende Vorgaben durch den Lehrer gemacht werden, um die Folgen möglicher Fehlentscheidungen zu minimieren. Ebenso kann verhindert werden, dass leistungsstarke Schüler aus Bequemlichkeit zur vereinfachten Fassung greifen.

Interpretation

Die Interpretationsaufgaben beziehen sich immer auf den originalen Ovid-Text. Damit ist gewährleistet, dass auch die Schülerinnen und Schüler, die in der Übersetzungsphase mit dem *scala*-Text gearbeitet haben, im Rahmen der Interpretation stets den Originaltext heranziehen.

In der binnendifferenzierten Lektürereihe *scala* gehen Übersetzung und Interpretation eine gleichberechtigte Partnerschaft ein. Deshalb steht nicht nur für die Übersetzung, sondern auch für die Interpretation des Originaltextes in der Regel bei jedem Kapitel jeweils eine Doppelseite für Arbeitsaufträge, Rezeptionsdokumente, Zusatzmaterialien u. a. zur Verfügung. Dafür gibt es zwei Gründe:

- Die gleichrangige Gewichtung von Übersetzung und Interpretation ist in den meisten Bundesländern durch die Abiturrichtlinien festgeschrieben. Aufgaben zur Interpretation müssen deshalb in der Oberstufe (und nicht nur da!) anteilig geübt werden.
- Beim Lesen eines literarischen, aus einer anderen Epoche und einer anderen Kultur stammenden Textes ist ein vielschichtiges Durchdringen des Textes, also seine Interpretation, ein wesentliches und zur Übersetzung gleichrangiges Unterrichtsziel.

Hinzu kommen weitere Aspekte, die die Interpretation besonders im Zusammenhang mit der Binnendifferenzierung als gleichberechtigtes Pendant zur Übersetzung ausweisen:

- Die Interpretation beleuchtet andere Aspekte eines Textes und fordert damit andere Fertigkeiten und Kompetenzen als die Übersetzung.
- Interpretieren schafft häufig einen offeneren Zugang zu einem Text als Übersetzen.
- Mit den binnendifferenzierten Angeboten erreicht man Schüler, die individuell jeweils unterschiedliche Lernwege zum Erarbeiten eines Textes einsetzen und dadurch eine höhere Lerneffektivität erreichen.

Übersetzung und Interpretation bilden eine Einheit und ergänzen einander. Die Übersetzung ist sozusagen das Fundament des Hauses. Die Interpretation ist das Haus selbst: Die Eingangstür führt zur Deutung des übersetzten Textes; in den einzelnen Räumen kann sich der Besucher verschiedenen Aspekten widmen, die das Beziehungsgeflecht widerspiegeln, in denen ein Text steht. Die Interpretation vertieft und vollendet daher die Auseinandersetzung mit dem lateinischen Text. Die vorliegende Lektüreausgabe ist deshalb so konzipiert, dass zunächst die Übersetzung des Textes vorgenommen werden sollte, bevor die Interpretationsaufgaben bearbeitet werden. Selbstverständlich sind auch andere Wege möglich.[1]

Horizontale Differenzierung

Während die Übersetzungstexte nach dem Prinzip der vertikalen Differenzierung gestaltet sind, liegt den Interpretationsaufgaben das Prinzip der horizontalen Differenzierung zugrunde: Aus vielen verschiedenen, im Ansatz gleichwertigen Denkansätzen und Gestaltungswegen wird eine Interpretation des Textes »gewebt«. Die Interpretation entsteht also aus der Summe aller Wege, die beschritten werden, um den Text auszuschöpfen und ihn in seiner Vielschichtigkeit zu verstehen. Einzelne Aufgaben (kognitive, affektive, kreative, produktive) bzw. deren Lösungen sind Puzzleteile und fügen sich zu einem Gesamtbild zusammen. Damit trägt jede Aufgabe zur Interpretation bei.

Da in der Ausgabe die Daphne- und die Phaëthon-Episode in mehrere Kapitel unterteilt sind, müssen mehrere Teilinterpretationen erarbeitet werden. Den Autorinnen ist es freilich ein besonderes Anliegen, den Schülern zum Abschluss der Episode einen Eindruck des gesamten Textes zu vermitteln. Daher wird am Ende jeder Episode der Text in einer Gesamtinterpretation gewürdigt, in der die wesentlichen Erkenntnisse aus den Teilinterpretationen zusammengeführt werden.

Interpretationsansätze und Aufgabentypen

In der vorliegenden Lektürereihe stehen zwei Interpretationsansätze und Zielrichtungen im Mittelpunkt, die einander ergänzen:

- Die Interpretation eines Textabschnittes wird jeweils mit der **hermeneutischen Interpretation**[2] eröffnet. Die *hermeneutiké téchne* (τέχνη: Fähigkeit, Kunstfertigkeit, Handwerk) bildet die Eingangstür und sichert das Textverständnis, indem sie den Schülern einen Zugang zu Inhalt und Struktur des Textes eröffnet.

---

1 So kann man im Unterricht z. B. bestimmte Textpassagen für die Übersetzungsarbeit auswählen, während man andere Textstellen mithilfe einer zweisprachigen Ausgabe interpretiert usw.

2 Vgl. KUHLMANN (2009), 139: »Im Lateinunterricht sollten […] in jedem Falle […] zwei Leitlinien bestimmend sein: Die Interpretation muss den Text inhaltlich und strukturell erschließen (HERMENEUTISCHE FUNKTION). Der Text muss in seinem Bedeutungspotential für den Schüler und seine Gegenwart erschlossen werden (PÄDAGOGISCHE FUNKTION).

- Die **pädagogische Interpretation** schlägt eine Brücke vom antiken Text zur Welt der Jugendlichen. Damit trägt sie dazu bei, dass die Schüler den antiken Text in Beziehung zu aktuellen Fragen und Problemen setzen und die Werthaltungen und Verhaltensweisen der Antike und Gegenwart miteinander vergleichen.[1] In diesem produktiven Prozess sind die Jugendlichen aufgefordert, gewohnte Vorstellungen zu hinterfragen und ggf. zu ergänzen oder zu korrigieren.

Dieser Zweiteilung tragen die Interpretationsaufgaben der *scala*-Reihe Rechnung:

- Die mit F (= Fundamentum) bezeichneten Aufgaben sind Pflicht- oder Wahlpflichtaufgaben. Sie beziehen sich auf grundlegende Aspekte der Textarbeit, wie sie für die hermeneutische Interpretation postuliert werden (z. B. durch Übersetzung, synoptisches Lesen, Paraphrasieren, Gliederung, Ordnen und Bewerten von Aspekten usw.). In der Unterrichtspraxis hat sich als günstig erwiesen, die Aufgaben F 1–F 4 von allen Schülern erarbeiten zu lassen, wenn insgesamt nur vier angeboten werden. Damit erübrigt sich eine Zuordnung. Bei einer höheren Anzahl von Aufgaben empfiehlt es sich, die Schüler frei auswählen zu lassen, wobei die Lehrkraft selbstverständlich einen sinnvollen Rahmen setzen kann.
- Die mit A (= Additum) gekennzeichneten Aufgaben gehen über die reine Rekonstruktion bzw. Reorganisation des Textes hinaus. Sie ermitteln sowohl seine soziologischen und kulturellen Rahmenbedingungen als auch seinen Sinngehalt, sofern er für die Gegenwart reaktiviert und vor allem Gewinn bringend nachvollzogen werden kann. Zu den A-Aufgaben gehören auch produktive bzw. kreative Aufgaben, die den Schülern Wege aufzeigen, wie sie zu einer eigenständigen Auseinandersetzung mit dem Text gelangen können.

  Die Addita-Aufgaben sind zusätzliche Aufgaben. »Zusätzlich« ist freilich nicht so zu verstehen, dass die Schüler diese Aufgaben bearbeiten können oder nicht, sondern so, dass sie im Hinblick auf ihr Interesse, ihren Lernstil oder Lernweg eine individuelle Auswahl treffen können, wobei der Lehrer auch hier einen Rahmen vorgeben oder Schwerpunkte setzen kann.

Anregungen zur Einstimmung

Um die Schüler auf die themenorientierte Ovid-Lektüre einzustimmen, kann man ihnen verschiedene Zitate zum Thema »Eltern und Kinder« präsentieren, zu denen sie Stellung nehmen sollen. Außer der in der Schülerausgabe

---

1 Vgl. Munding (1985), 10–15.

vorgeschlagenen Methode bieten sich je nach Größe und Atmosphäre in der Lerngruppe folgende Varianten an:

- **Zitatenspaziergang:** Die Zitate auf Seite 5 oder andere Zitate werden in großer Schrift auf DIN-A3-Blätter kopiert und an verschiedenen Stellen des Klassenzimmers aufgehängt. Die Schülerinnen und Schüler sollen zunächst drei bis fünf Minuten von Zitat zu Zitat gehen, ohne miteinander zu sprechen. Sie lesen die Zitate in Ruhe und überlegen sich, welches Zitat ihnen gut oder besonders gut gefällt. Nach einem akustischen Signal (z. B. Glocke) bittet der Lehrer, dass jeder Schüler zunächst zu dem Zitat geht, das ihn am meisten anspricht. Vor dem jeweiligen Zitat tauschen sich die Schülergruppen ca. fünf bis zehn Minuten darüber aus, warum sie das Zitat gewählt haben. Nach einem weiteren akustischen Signal fordert der Lehrer die Schüler auf, nun ein Zitat aufzusuchen, das sie weniger angesprochen hat. Es findet wieder innerhalb der Kleingruppen ein Gedankenaustausch von ca. fünf bis zehn Minuten statt, bei dem die Jugendlichen ihre Entscheidung begründen. Anschließend nehmen alle Schüler ihren gewohnten Platz im Klassenzimmer ein und äußern ihre Erwartungen und Fragen an die Unterrichtseinheit »Eltern-Kind-Beziehungen in Ovids *Metamorphosen*«; diese werden in Form einer Mindmap an der Tafel und im Heft festgehalten. Dieses offene Verfahren bezieht die heterogenen Wünsche und eventuell auch Bedenken der Schüler ein und bietet dem Lehrer die Möglichkeit, im Laufe der Lektüre an geeigneter Stelle darauf einzugehen.

- **Zitatenpuzzle:** Für diese Methode ist es erforderlich, dass der Lehrer die Zitate zunächst in kleine Schnipsel schneidet, die anschließend in einen Briefumschlag gelegt werden. Zu Beginn der Stunde bittet die Lehrkraft die Schüler, jeweils zwei Tische zusammenzustellen und sich in kleinen Teams von maximal sechs Schülern an einen Doppeltisch zu setzen. Jede Kleingruppe bekommt einen verschlossenen Briefumschlag mit den Zitatenschnipseln und dem Arbeitsauftrag, die Puzzleteile so anzuordnen, dass ein sinnvoller Satz entsteht, und sich anschließend über das Zitat auszutauschen. Nach etwa fünf bis zehn Minuten stellen die Schüler die Tische wieder in die übliche Ordnung und nehmen ihren gewohnten Platz ein. Die Kleingruppen stellen der Klasse ihr Zitat vor und nehmen kritisch dazu Stellung. Zum Abschluss äußern die Schülerinnen und Schüler nach der bereits beim Zitatenspaziergang beschriebenen Methode (s. o.) ihre Erwartungen, Wünsche oder Fragen.

Daphne-Erzählung

Ovids *Metamorphosen* werden mit einem kurzen Prooemium (Met. 1,1–4) eröffnet, das zum ersten großen Themenkomplex (Met. 1,5–433) überleitet, in dem u. a. die Entstehungsgeschichte der Welt und der Menschheit, die vier Weltalter, die Sintflut und die Neuentstehung der Lebewesen geschildert werden.

Im Anschluss leitet die Daphne-Episode den zweiten großen Themenkomplex ein, in dem die Liebe von Göttern (vor allem von Iuppiter und Apollo) zu Menschen im Mittelpunkt steht.

Um vom ersten Großteil, der die Entwicklung vom Chaos zum Kosmos beinhaltet, zum zweiten Großteil überzuleiten, schildert Ovid in den Versen 441–451 die Tötung des Drachen Python durch Apollo. Dieser Drache war nach der großen Sintflut aus dem von der Sonne erwärmten Schlamm entstanden und hatte die neu entstandenen Völker in Angst und Schrecken versetzt (Met. 1,439 und 440). Apollo, der auch der »Bogen tragende Gott« genannt wird, tötete den Drachen Python mit tausend Pfeilen und profilierte sich damit als Retter der Völker (Met. 1,441–444). Daran wird deutlich, dass dieses Unterfangen selbst für einen Gott eine große Herausforderung war. Apollos Stolz auf seinen Sieg erscheint daher verständlich und angemessen. In der Stiftung der pythischen Spiele allein dieser Ruhmestat wegen (Met. 1,445–447) werden freilich auch eine gewisse Eitelkeit und ein übersteigertes Geltungsbedürfnis Apollos sichtbar, Eigenschaften, die auch in der Daphne-Episode deutlich hervortreten.

Mit den Versen 448–451 leitet Ovid zur Daphne-Geschichte über, indem er schildert, dass die Sieger bei den pythischen Spielen Eichenlaub als Ehrung erhielten, da es noch keinen Lorbeer gab: *nondum laurus erat* (Met. 1,450). Das Erwähnen des Stichwortes *laurus* (450) leitet elegant zur Daphne-Episode über.

Im Mittelpunkt der Verse 452–565 steht Apollos Liebe zu Daphne, der Tochter des Flussgottes Peneus. Bereits zu Beginn wird deutlich, dass es sich um keine gewöhnliche Liebesbeziehung handelt. Denn der Gott Amor hatte Apollos Liebe zu Daphne entfacht, als sich beide Götter einen eifersüchtigen Streit um ihren Rang unter den olympischen Göttern lieferten.

Als Apollo nach seinem Sieg über den Drachen Python Amor beim Spannen des Bogens beobachtet, lässt er sich zu einer folgenschweren Äußerung hinreißen (Met. 1,456–462):

> *»Quid« que »tibi, lascive puer, cum fortibus armis?«*
> *dixerat, »Ista decent umeros gestamina nostros,*
> *qui dare certa ferae, dare vulnera possumus hosti,*
> *qui modo pestifero tot iugera ventre prementem*
> *stravimus innumeris tumidum Pythona sagittis.*
> *Tu face nescio quos esto contentus amores*
> *irritare tua nec laudes assere nostras!«*

Diese Worte gewähren dem Leser Einblick in das Selbstverständnis Apollos; der Gott tritt eitel und arrogant auf. Seine vermeintliche Überlegenheit gegenüber Amor bringt er gleich mehrfach zum Ausdruck:

- Die Antithesen *»quid« que »tibi, lascive puer, cum fortibus armis?«* (456) und *»Ista decent umeros gestamina nostros«* (457) zeigen, wie verächtlich Apollo über den Liebesgott denkt. In Apollos Augen ist Amor lediglich ein kleiner, unerfahrener Junge, der männliche Waffen nicht führen kann. Das Attribut *lascive puer* ist Ausdruck seiner Herablassung und Verachtung. Durch die Betonung des Possessivpronomens *nostros* deutet Apollo seine höhere Befähigung zum Tragen von Waffen an. Darüber hinaus betont Apollo (458), dass er wilden Tieren und Feinden tödliche Wunden zufügen kann.
- Apollo lässt es sich nicht nehmen (459–460), an seinen Sieg über den riesigen Drachen Python zu erinnern, den er durch unzählige Pfeile niederstreckte. Er schmückt die Szene durch viele gewichtige Attribute *(pestifero, tot, innumeris, tumidum)*.
- Schließlich fordert Apollo Amor ganz unverblümt auf (461–462), sich mit dem Anstiften irgendwelcher Liebesabenteuer *(nescio quos … amores)* zu begnügen und sich nicht Apollos Ruhm und Macht anzumaßen. Als Waffe gesteht Apollo dem Liebesgott lediglich die Fackel (461) zu, die in ihrer Bedeutung immer mehr hinter Pfeil und Bogen zurückgetreten war.[1]

Apollos verächtliche Strafpredigt ruft Amors Zorn hervor, der nur noch ein Ziel kennt: Er will den arroganten Kontrahenten in seine Schranken weisen und ihm beweisen, dass dieser sich seiner Macht beugen muss. Amors knappe Reaktion (1,463–465) steht in scharfem Kontrast zu den ausufernden Ausführungen Apollos. Der Liebesgott redet nicht viel (463B–465), er handelt (466–473). Während Apollo von Amor mit dem Pfeil getroffen wird, der die Liebe hervorruft, trifft Daphne jener Pfeil, der Liebe verhindert. Damit zwingt Amor den Gott Apollo in eine ausweglose Liebesbeziehung und zeigt ihm die Grenzen seiner göttlichen Macht auf. In der Folge bestimmen die Verben *amare* (Apollo) und *fugere* (Daphne) die Erzählung des Mythos.

---

1 BÖMER (1969), 147–148.

Textgrundlage mit metrischer Analyse

Prōtīnŭs āltĕr ămāt, fŭgĭt āltĕr nōmĕn ămāntĭs.
Sīlvārūm lătĕbrīs cāptīvārūmquĕ fĕrārūm
ēxŭvĭīs gāudēns īnnūptāequ(e) āemŭlă Phōebēs.
Vīttă cŏērcēbāt pŏsĭtōs sĭnĕ lēgĕ căpīllōs.
5 Mūlt(i) īllām pĕtĭēr(e), īll(a) āvērsātă pĕtēntēs
īmpătĭēns ēxpērsquĕ vĭrī nĕmŏr(a) āvĭă lūstrăt.
Nēc, quĭd Hȳmēn, quĭd Ămōr, quĭd sīnt cōnūbĭă, cūrăt.
Sāepĕ pătēr dīxĭt: »Gĕnĕrūm mĭhĭ, fīlĭă, dēbēs.«
Sāepĕ pătēr dīxĭt: »Dēbēs mĭhĭ, nātă, nĕpōtēs.«
10 Īllă vĕlūt crīmēn tāedās ēxōsă iŭgālēs
pūlchră vĕrēcūndō sūffūdĕrăt ōră rŭbōrĕ.
Īnquĕ pătrīs blāndīs hāerēns cērvīcĕ lăcērtīs
»Dā mĭhĭ pērpĕtŭā, gĕnĭtōr cārīssĭmĕ,« dīxĭt
»vīrgĭnĭtātĕ frŭī! Dĕdĭt hōc pătĕr āntĕ Dĭānāe.«
15 Īllĕ quĭd(em) ōbsĕquĭtūr, sēd tē dĕcŏr īstĕ, quŏd ōptās,
ēssĕ vĕtāt. Vōtōquĕ tŭō tŭă fōrmă rĕpūgnăt.

Hinweise

Die Aufgaben F 1 und F 2 gehören zusammen und sollten gemeinsam
erarbeitet werden. Die Aufgaben F 4 und F 5 sind in ihrer Zielsetzung ähnlich
gelagert, wobei F 5 anspruchsvoller ist und außerdem mehr Zeit benötigt.

F 1 Gefühltes Leben – Gefühlsleben

Mögliches Tafelbild:

Was erfreut Daphne?	*Was verabscheut Daphne? (Kap. 1)*
– silvarum latebris [gaudens] (2)	– illa aversata petentes (5)
– captivarumque ferarum exuviis gaudens (2/3)	– impatiens expersque viri (6)
– innuptae aemula Phoebes (3)	– nec, quid Hymen, quid Amor, quid sint conubia, curat (7)
– sine lege (4)	– generum (8)
– positos sine lege capillos (4)	– nepotes (9)
– nemora avia lustrat (6)	– velut crimen taedas exosa iugales (10)
– da mihi perpetua ... virginitate frui (13/14)	

Fazit

Spalte 1: Daphne hat nur ein Ziel: Sie will leben wie Diana, der Iuppiter erlaubt hat, ein ungebundenes, selbstbestimmtes und freies Leben *(sine lege)* zu führen und jungfräulich zu bleiben *(perpetua virginitate frui)*. Freiheit (emotionale / gesellschaftliche) ist somit die bestimmende Konstante ihrer Wünsche.

Wie Diana liebt sie nie betretene, unwegsame Wälder *(silvarum latebris [gaudens] / nemora avia lustrat)*, sie liebt die Jagd auf wilde Tiere *(captivarum ferarum exuviis gaudens)*. So wie sie sich der Natur verschrieben hat, hält sie es auch mit Kleidung und Frisur: Sie liebt die natürliche Form *(positos sine lege capillos)*.

Spalte 2: Mit klaren und fordernden Worten wird Daphne von ihrem Vater darauf hingewiesen, dass ihr Wunsch gegen Tradition und Konvention verstößt: *generum mihi debes – debes mihi nepotes* (8,9). Dennoch verfolgt sie konsequent ihr Lebenskonzept, indem sie alle Männer, die an ihr Interesse haben, zurückstößt *(aversata petentes, impatiens expersque viri, taedas exosa iugales)*; sie umschmeichelt den Vater mit Zärtlichkeit und Liebe, wenn es darum geht, ihre Lebensform zu verteidigen.

F 2 Gute Seiten – schlechte Seiten?

Mögliches Tafelbild:

Gute Seiten	*Schlechte Seiten (Kap. 1)*
+	−
naturverbunden – uneitel – gefühlsstark – willensstark – mutig – entschieden – scheu – schamhaft – unabhängig – freiheitsliebend ... (andere Attribute möglich)	*wild – grausam – kompromisslos – starrsinnig – selbstgerecht – unsozial – egoistisch ... (andere Attribute möglich)*

F 3 Sprache als Spiegel des Inhalts

Metrische Analyse
Mūlt(i) īllām pĕtĭēr(e), īll(a) āvērsātă pĕtēntes: Durch vier Spondeen werden Bewerber und Umworbene »zusammengespannt«: Eine Vielzahl an jungen Männern kommt Daphne körperlich nahe.

Stilistische Analyse

Daphne steht als Objekt der männlichen Begierde im Mittelpunkt des ersten Halbverses *(illam)*[1] und wird von allen Seiten bedrängt und fast zerrissen. Im zweiten Halbvers ist sie – an erster Stelle stehend – die Person, welche die Handlung bestimmt *(illa aversata petentes)*.

Ihre Verehrer suchen die uneingeschränkte Nähe zu ihr und wollen mit ihr verschmelzen, sie nehmen ihr die Luft zum Atmen, was durch die zahlreichen **Elisionen** zum Ausdruck kommt. Daphne jedoch sucht die größtmögliche Distanz zu den Verehrern: *illa aversata petentes*. Dies spiegelt sich in der **antithetisch angeordneten Struktur** des Satzes wider.

Daphnes Abneigung gegenüber den sie umwerbenden jungen Männern wird durch den klagenden a-Laut in *aversata* abgebildet.

Auch die **Wortwahl** ist aufschlussreich: Das Verb *aversari* ist das verbum intensivum zu *avertere*. Während letztgenanntes Verb ein neutrales Sich-Abwenden bedeutet, ist das Verb *aversari* mit starker Emotion verbunden: sich mit Abscheu oder Verachtung abwenden. Das Substantiv *aversio, onis f* wandelt sich in der Bedeutungsgeschichte von einfachem »Abwenden« im klassischen Latein hin zu »Ekel« in spätlateinischer Zeit. Das Fremdwort Aversion dürfte den Schülern bekannt sein.

Der kunstvoll gebaute Satz bildet das (enge, hautnahe) Aufeinandertreffen zwischen Daphne und ihren Bewerbern ab (**Übereinstimmung von Form und Inhalt**).

F 4 Vater und Tochter: Zukunftsperspektiven

Stilistische Analyse der Verse 8–9

- **Anapher** und **Wiederholung**: *saepe pater dixit – saepe pater dixit* → Betonung der starken Einflussnahme des Vaters
- **Chiasmus**: *generum (a) … debes (b), debes (b) … nepotes (a)*: Durch die Kreuzstellung werden die Worte *mihi, filia* bzw. *mihi, nata* hervorgehoben, ein Beleg für das liebevolle Wesen des Vaters.
- Dominanz des Buchstabens -d in *dixit – debes – dixit – debes* (*dixit* auch als **Epipher** zu verstehen)

Hauptaussage: Der Vater erwartet, dass Daphne dem traditionellen Rollenverständnis entspricht und den Erhalt der Familie gewährleistet. Die Mittelstellung des Pronomens *mihi* hebt einerseits die Funktion des Vaters als Patriarch und Lenker der Familie hervor, andererseits bildet sie auch seine Nähe zur Tochter ab.

---

1 Zäsur durch Penthemimeres.

Stilistische Analyse der Verse 13–14

Dominanz des Buchstabens -d: _da_ – _dixit_ – _dedit_ – _Diana_ → Weiterführung der Worte des Vaters mit entgegengesetzter Aussage: Der Vater forderte von Daphne einen Schwiegersohn und Enkel. Daphne bittet stattdessen um ewige Jungfräulichkeit.

Das **Hyperbaton** _perpetua … virginitate_ schließt den Vater ein _(genitor carissime)_ und hebt ihn hervor.

Hauptaussage: Daphne will wie Diana ohne eheliche Pflichten leben. → Beide Teile des kurzen Dialogs stehen einander **antithetisch** gegenüber: Vater: »Gib mir einen Schwiegersohn und Enkel.« ↔ Tochter: »Gib mir ein Leben wie das der Diana.«

Verhältnis Vater – Tochter

Zunächst wirken die Forderungen des Vaters streng und rigide. Hier spricht ein Patriarch, der seine Familienmitglieder in die Pflicht nimmt. Seine Worte scheinen aber nicht mit seinen Taten übereinzustimmen. Denn Peneus unternimmt nichts gegen den Freiheitsdrang seiner Tochter. Er lässt sie alleine durch Wald und Feld streifen, ohne ihren Handlungsrahmen zu begrenzen oder ihr weibliche (häusliche) Tätigkeiten nahezulegen oder gar aufzuzwingen. Er setzt also seine Forderungen nicht durch. Ovid erwähnt an keiner Stelle, dass der Vater Daphne irgendwelche Konsequenzen androht.

Der Vater hat in der gesamten Episode nur drei kurze, sehr unterschiedliche Auftritte: Er ist Patriarch (8, 9) – er ist liebender Vater (13–15A) – er ist Retter, als sie ihn in höchster Not bittet, sie von ihrer schönen Figur zu befreien (Kap. 3,9 / 10).

Fazit: So wie sich in den Versen 13 und 14 das Verhältnis zwischen Vater und Tochter entfaltet, ist es durch liebevolle Zuneigung und inniges Vertrauen gekennzeichnet. Vater und Tochter sind sich sehr nahe, trotz der strengen Forderungen, die der Vater ausgesprochen hat. Vermutlich hätte es des Arguments »Auch Iuppiter hat seiner Tochter nachgegeben!« nicht bedurft, obwohl es ein nützliches Argument ist. Daphne versteht es, ihren Vater geschickt zu umgarnen und umzustimmen: Der Vater lässt von seinen Forderungen ab, denn er will seine Tochter nicht in eine Lebensform zwingen, die ihrem Wesen nicht entspricht.

F5 Vater-Tochter-Beziehung

1. *Der Vater betrachtet seine Tochter als sein Eigentum:* Diese Aussage stimmt nicht mit dem Text überein, denn der Begriff »Eigentum« impliziert, dass der Besitzer damit macht, was er will (vgl. Herr – Sklave). Genau das tut Peneus aber nicht, denn er lässt der Tochter letztendlich eine freie Wahl.

2. *Der Vater hätte Apollo gern als Schwiegersohn:* In Kapitel 1, Vers 1 könnte Apollo gemeint sein *(alter amat, fugit altera nomen amantis)*. Dann wäre der Gott sozusagen Auslöser der väterlichen Wünsche (Ehe und Mutterschaft der Daphne). Namentlich genannt aber wird Apollo erst im ersten Vers des zweiten Kapitels. Bis dahin kommt zwar für den Kenner des ganzen Mythos Apollo als Bewerber in Betracht, aber nicht für die Schüler, die den Kontext nicht kennen. Deshalb kann aus ihrer Sicht die Aussage nicht richtig sein.

3. *Der Vater will, dass seine Tochter eine eigene Familie gründet:* Tatsächlich findet der Vater, dass es für seine Tochter Zeit ist, eine Familie zu gründen (8/9). Vermutlich betrachtet er ihre Streifzüge durch den Wald für Zeichen von Unreife und Kindlichkeit und will mit seinen Forderungen das Erwachsenwerden der Tochter beschleunigen.

4. *Der Vater liebt seine Tochter mit großer Zärtlichkeit:* Diese Aussage ist textkonform (siehe F4).

5. *Der Vater ist Wachs in den Händen seiner Tochter:* Diese Aussage deckt sich mit dem Text: Mit Mitteln der Zärtlichkeit und Liebe (Schmeichelei, innige Umarmung: *inque patris blandis haerens cervice lacertis,* 12) schafft es Daphne ohne Mühe, den Vater von seinen Forderungen abzubringen.

6. *Der Vater will, dass seine Kinder und Enkel sein Alter sichern:* Diese Aussage ist nur zu verifizieren, wenn man sich vor Augen hält, wer eine solche Aussage macht. In einer bäuerlichen Umgebung war sie lange Zeit gültig: Kinder waren ein Garant für Haus und Hof, denn sie stellten ihre Arbeitskraft der Familie zur Verfügung, wenn ihre Eltern ein gewisses Alter erreicht hatten. Im Generationenvertrag sorgen Eltern für ihre Kinder, solange sie klein und schutzbedürftig sind. Ältere Kinder übernehmen sukzessive immer mehr Arbeit. Erwachsene Kinder pflegen und betreuen ihrerseits die Eltern, geben ihnen damit ein Fundament für das Alter. Sie zeugen später selbst Kinder, die sich dann ihrerseits wieder in die Reihenfolge der Generationenkette einbinden lassen. Unter der Voraussetzung einer bäuerlichen Umgebung ist die getroffene Aussage also richtig.

Doch wenn man die Welt des Dichters Ovid und damit sein Weltbild und das der antiken Leser zugrunde legt, kommt man zu einem anderen Ergebnis:

Als Sohn aus begüterter Familie, als Gast des augusteischen Hauses, als Privatmann und Dichter konnte Ovid der Aussage nicht zustimmen. Für ihn wie für die reiche Upperclass in Rom war die Familie vermutlich nicht mit dem System der Existenzsicherung verbunden.

A1 **Noli me tangere!**

Freier Schülerbeitrag

A2 **My own song**

Freier Schülerbeitrag. Anregungen für die Interpretation: Das Gedicht *My own song* von Ernst Jandl erschließt sich fast nur über lautes Lesen. Erst beim Sprechen und Hören erkennt man, wo Betonungen zu setzen und Zäsuren anzubringen sind.

In der ersten Strophe beginnen alle ungeraden Zeilen mit *ich will nicht …*, in den geraden wird stets derselbe Satz als Refrain eingefügt: *so wie ihr mich wollt*.

In der zweiten Strophe wird die Abfolge umgedreht: Die ungeraden Zeilen enthalten zu Beginn den Refrain *nicht wie ihr mich wollt*, die geraden beginnen mit *wie ich sein will will ich sein* bzw. mit der refrainartigen Einleitung *wie ich* (Ausnahme: Verse 17–19).

Eine weitere Besonderheit des Aufbaus fällt ins Auge: In der Strophe 1 werden die ungeraden Zeilen länger, in der zweiten eher kürzer.

Das Gedicht stützt und ermuntert das Ich (den einzelnen Menschen), sich nicht vollkommen an die Wünsche anderer anzupassen und nicht in der Masse unterzugehen, sondern eine eigene Persönlichkeit aufzubauen. Es endet mit dem Bekenntnis: *Ich will ich sein – Ich will sein*. Nur wer über ein eigenes, **unverwechselbares** Ich verfügt, existiert als individueller Mensch und wird als solcher wahrgenommen. Äußerlich wirkt das Gedicht wie eine Sprachspielerei, inhaltlich behandelt es ein ernstes Thema, indem es den schleichenden Einfluss beschreibt, den die Erziehung, die soziale Umgebung und die öffentliche Meinung auf das Individuum haben und es ihm unter Umständen nicht gestatten, selbstbestimmt zu leben. Das Gedicht ist aus der Perspektive eines Jugendlichen geschrieben. Denkbar wäre auch die Perspektive einer bereits erwachsenen jungen Frau (Teilaufgabe 2).

Vorschlag für eine Umformung des Textes:

sie will nicht sein

so wie er sie will

sie will nicht er sein

so wie er sie will

sie will nicht sein wie er

so wie er sie will

sie will nicht sein wie er ist

so wie er sie will

sie will nicht sein wie er sein will

so wie er sie will

nicht wie er sie will

wie sie sein will will sie sein

…

A 3 Sich von Daphne und ihrer Lebenswelt ein Bild machen

Freier Schülerbeitrag

Mögliches Tafelbild:

Bild 1 (Michael Maschka)

Pro	*Contra*
(= entspricht Daphnes Lebensvorstellung)	*(= entspricht nicht Daphnes Lebensform)*
Die abgebildete Frau	*Die abgebildete Frau*
– bildet eine Einheit mit der Natur (Pflanzen, Tiere)	*– wird nicht als Jägerin dargestellt: keine Waffen, keine Jagdhunde, keine zu erjagenden oder bereits erjagte Tiere*
– lebt allein	
– wirkt selbstbestimmt, unabhängig	*– schweift nicht durch die Wälder*
– fügt sich dennoch in die natürliche Umgebung ein	
– ist nackt, d. h. ohne Einengung durch Konventionen (z. B. Kleidung), trägt das Haar offen	
– scheint mit der Natur zu verschmelzen	

Bild 2 (Luca Penni)

Pro

(= entspricht Daphnes Lebensvorstellung)

Die abgebildete Frau
– hat die Attribute einer Jägerin: Pfeil
  und Bogen (in den Händen), Köcher
  mit Pfeilen, Jagdhund
– ist unbekleidet bis auf ein großes, im
  Wind wehendes Tuch
– trägt einen grünen Gürtel zur
  Befestigung des Köchers

Contra

(= entspricht nicht Daphnes Lebensform)

Die abgebildete Frau
– beherrscht die Natur
  (Tier und Pflanzen)
– scheint die Natur vor allem als
  Möglichkeit anzusehen, sich zu
  betätigen

Fazit: Auf Bild 1 treten das Verschmelzen mit der Natur, die körperliche Unberührtheit der Person und die Freiheit der Lebensform klar hervor. Bild 2 legt den Fokus auf das Jagen; die Jägerin wird als Herrin der Natur dargestellt.

Die junge Frau Daphne wünscht sich – so stellt es Ovid dar – ein Leben fern der den Frauen zugedachten Konventionen. Insofern kommt Bild 1 der von ihr gewünschten Lebensform näher als Bild 2. Das Jagen ist eher ein Nebenaspekt.

Textgrundlage mit metrischer Analyse

Phōebŭs ămāt vīsāequĕ cŭpīt cōnūbĭă Dāphnēs.
Quōdquĕ cŭpīt, spērāt. Sŭăqu(e) īll(um) ōrācŭlă fāllūnt.
Spēctăt ĭnōrnātōs cōllō pēndērĕ căpīllōs.
Ēt »Quīd, sī cōmāntŭr?« ăīt. Vĭdĕt īgnĕ mĭcāntēs
5 sīdĕrĭbūs sĭmĭlēs ŏcŭlōs. Vĭdĕt ōscŭlă, quae nōn
ēst vīdīssĕ sătīs. Lāudăt dĭgĭtōsquĕ mănūsquĕ
brācchĭăqu(e) ēt nūdōs mĕdĭā plūs pārtĕ lăcērtōs.
Sīquă lătēnt, mĕlĭŏră putāt. Fŭgīt ōcĭŏr āură
īllă lĕvī nĕqu(e) ăd hāec rĕvŏcāntīs vērbă rĕsīstīt:
10 »Nŷmphă, prĕcōr, Pēnēĭ, mănē! Nōn īnsĕquŏr hōstĭs.
Nŷmphă, mănē! Sīc āgnă lŭpūm, sīc cērvă lĕōnēm,
sīc ăquĭlām pēnnā fŭgĭūnt trĕpĭdāntĕ cŏlūmbāe,
hōstēs quāequĕ sŭōs. Ămŏr ēst mĭhĭ cāusă sĕquēndī.
Mē mĭsĕrūm! Nē prōnă cădās īndīgnăvĕ lāedī
15 crūră nŏtēnt sēntēs ēt sīm tĭbĭ cāusă dŏlōrīs!
Āspĕră, quā prŏpĕrās, lŏcă sūnt. Mŏdĕrātĭŭs, ōrō,
cūrrĕ fŭgāmqu(e) ĭnhĭbē! Mŏdĕrātĭŭs īnsĕquăr īpsĕ.
Cūi plăcĕās, īnquīrĕ tămēn! Nōn īncŏlă mōntīs,
nōn ĕgŏ sūm pāstōr. Nōn hīc ārmēntă grĕgēsquĕ
20 hōrrĭdŭs ōbsērvō. Nēscīs, tĕmĕrārĭă, nēscīs,
quēm fŭgĭās. Īdĕōquĕ fŭgīs. Mĭhĭ Dēlphĭcă tēllūs
ēt Clărŏs ēt Tĕnĕdōs Pătărēăquĕ rēgĭă sērvĭt.
Iūppĭtĕr ēst gĕnĭtŏr. Pēr mē, quŏd ĕrītquĕ fŭītquĕ
ēstquĕ, pătēt. Pēr mē cōncōrdānt cārmĭnă nērvīs.
25 Cērtă quĭdēm nōstrā (e)st, nōstrā tămēn ūnă săgīttă
cērtĭŏr, īn văcŭō quāe vūlnĕră pēctŏrĕ fēcīt.
Īnvēntūm mĕdĭcīnă mĕūm (e)st. Ŏpīfērquĕ pĕr ōrbĕm
dīcŏr. Ēt hērbārūm sūbĭēctă pŏtēntĭă nōbīs.
Ēi mĭhĭ, quŏd nūllīs ămŏr ēst sānābĭlĭs hērbīs
30 nēc prōsūnt dŏmĭnō, quāe prōsūnt ōmnĭbŭs, ārtēs.«

Hinweis

Wegen der Länge des Textes stehen für seine Interpretation fünf F-Aufgaben
und drei A-Aufgaben zur Verfügung. Die erstgenannten sind textimmanente
Aufgaben, die anderen sollen die Schüler anregen, sich auf verschiedene
Weise dem Text zu nähern: durch einen selbst verfassten Kommentar, durch
eine szenische Umsetzung oder durch Nachdenken über antike und moderne
Schönheitsvorstellungen.

F 1 **Gliederung**

Mögliches Tafelbild:

Abschnitt 1 (1–9):   Apollos Leidenschaft für Daphne
Abschnitt 2 (10–30):   Apollos werbende Worte

F 2 **Anziehungskraft der Frauen**

Mögliches Tafelbild:

spectat inornatos collo pendere capillos (3)
videt igne micantes sideribus similes oculos (4/5)
videt oscula, quae non est vidisse satis (5/6)
digitosque manusque (6)
bracchiaque et nudos media plus parte lacertos (7)
si qua latent (8)

Apollos Augen wandern von oben nach unten: von Daphnes Haaren zu ihren Augen, dann zum Mund, zu den Fingern und Händen, zu den Unter- und Oberarmen und zu anderen, dem Blick verborgenen Körperteilen. Der Gott zoomt sich voyeuristisch – wie mit der Kamera – die bemerkenswertesten Anblicke, die das Mädchen bietet, heran. Ihre Reize »verführen« ihn zu unüberlegten Worten und Handlungen (10 ff.)

F 3 **Attraktive Verse**

Stilistische Analyse der Verse 3–8 A
- **Alliteration (s):** *sideribus similes* (5) → s-Laut erzeugt die Vorstellung von hellem Glanz.
- **Anapher und Wortspiel:** *videt – videt* (4/5) → betonen, dass Apollo seine Blicke nicht von der schönen jungen Frau abwenden kann (auch: *spectat*, 3).
- **Klimax:** *videt – laudat – meliora putat* (5, 6, 8) → veranschaulicht die sich steigernde Leidenschaft Apollos. Besonders wird der junge Gott von den nur vermuteten Reizen angezogen (*si qua latent*, 8).
- **Distributio** und **Polysyndeton:** *digitosque manusque bracchiaque et nudos … lacertos* (6/7) → beschreiben detailliert Apollos »Inspektion«, die einer ärztlichen Untersuchung gleichkommt.
- **Hyperbaton:** *nudos media plus parte lacertos* (s. o.) → betont die für Frauen verbotene Nacktheit, die Grund für die Leidenschaft des Gottes sein könnte.

A 1 **Blind vor Liebe?**

Freier Schülerbeitrag. Anregungen: Apollos ungeschicktes Verhalten erkennt man an u. a. an

- seinem **Befehlston**: *mane!* (10, 11), *moderatius curre!* (16 / 17), *fugam inhibe!* (17)
- dem **Vergleich** (siehe F 4)
- seinem **Selbstmitleid** anstelle des gebotenen Mitgefühls für das Opfer Daphne: *me miserum!* (14)
- der unglaubwürdigen **Sorge** um ihre Beine, z. B. *ne prona cadas indignave laedi crura notent sentes* (14 / 15), ohne die Verfolgung, also den Grund für mögliche Verletzungen, aufzugeben
- der Verwicklung in **Widersprüche**: *moderatius curre … fugamque inhibe!* (16 / 17) → *moderatius insequar* (17)
- seinem angeberischen **Aufzählen** dessen, was er nicht ist bzw. ist, was er besitzt und welche Macht er hat: *non incola montis, non ego sum pastor, non hic armenta gregesque horridus observo* (18B–20)[1] ↔ *mihi Delphica tellus et Claros et Tenedos Patareaque regia servit* (21 / 22 u. a.)
- der **Herabsetzung** Daphnes: *nescis, temeraria, nescis, quem fugias* (20 / 21)

Wie einen Film muss man diese Szene vor dem inneren Auge ablaufen lassen: Daphne flieht vor ihrem Verfolger Apollo und läuft schneller als ein Windhauch (*aura levi*, 8 / 9). Obwohl sie von einem Gott zurückgerufen und aufgefordert wird zu warten, lässt sie sich nicht aufhalten. Während dieser rasanten Verfolgungsjagd richtet Apollo in 21 Versen Worte an Daphne, von denen er glaubt, dass sie eine junge Frau umstimmen können. Weit gefehlt: Der Gott der Weisheit und der Künste, einer der höchsten Götter des Olymp, findet nicht die richtigen Worte. Er ist so blind vor sexueller Lust, dass er von einem Fettnäpfchen ins andere tritt: Er befiehlt (kann man damit Hingabe erreichen?), er jammert, hat angeblich Sorgen um ihre Unversehrtheit (schöne Beine!), befiehlt ihr, langsamer zu rennen, gleichzeitig versprechend, dass er dann auch langsamer folgen wolle. Im Laufen zieht er schließlich seinen letzten Trumpf, eine detaillierte Aufzählung seiner Machtbereiche. Das wirkt komisch, reizt zum Lachen – und zeigt doch die Hilflosigkeit eines jungen Mannes, der unter seiner brennenden Leidenschaft leidet.

---

1 Dabei fällt auf, dass Apollo gerade sein Desinteresse an den Bereichen der Natur, zu denen sich Daphne besonders hingezogen fühlt, bekennt (vgl. Kap. 1).

Mögliches Tafelbild:

Blind vor Liebe: Was macht Apollo falsch? (Kap. 2)

– *Befehlston → Aussage: Tu, was ich sage!*
– *Vergleich → Aussage: Ich kriege dich auf jeden Fall! (Naturgesetz: Raubtier contra Beutetier, das Symbol der Sanftmut ist)*
– *Selbstmitleid → Aussage: Ich bin doch das Opfer!*
– *Sorge → Aussage: Was hast du für schöne Beine, pass auf sie auf! Ich finde sie besonders schön.*
– *Widersprüche → Aussage: Lauf langsamer, dann verfolge ich dich langsamer. In Wahrheit will er sie schneller fassen.*
– *Angeberei → Aussage: Ich bin der beste und mächtigste Mann. Einen besseren wirst du nicht mehr finden!*
– *Beschimpfung → Aussage: Du bist zu dumm, um dein Glück zu begreifen!*

F4 **Vergleich**

Lupus, leo und *aquila* als jagende, Beute machende Tiere treiben Lamm, Hirschkuh und Tauben *(agna, cerva, columbae)* vor sich her. Die einen sind Raubtiere, die anderen sind Tiere, die als Synonyme für Sanftmut gelten. Apollo und Daphne verhalten sich zueinander wie Jäger und Opfer. *hostes quaeque suos* (13A): Hier wird betont, dass jedes Tier einen Feind hat, vor dem es fliehen muss, um sein Leben zu retten. Das (weibliche) Tier flieht vor seinem (meist männlichen) Feind. Die Tötung des schwächeren Tieres beendet die Jagd. Während sich jagende Tiere ihrer physischen Überlegenheit bewusst sind, fühlen sich die gejagten Tiere ausgeliefert und sind in Todesangst.

Daphne wird mit einem Beutetier, Apollo mit einem Raubtier gleichgesetzt. Der Vergleich veranschaulicht eindrucksvoll die Furcht, von der Daphne beherrscht wird. Sie fühlt sich dem »Raubtier« Apollo hilflos ausgeliefert und hat Angst vor der drohenden Vergewaltigung, die ihr Wesen und ihre Lebensvorstellung zerstören würde.

F5 **Eroberungsstrategie**

Apollos Selbstbewusstsein gründet sich auf:

- das, was er **nicht** ist (ex negativo): *non incola montis* (18B), *non pastor* (19), *non hic armenta gregesque horridus observo* (20)
- auf das, was er ist. Dies ist an seinen Kultstätten abzulesen: *Delphica tellus* (21B), *Claros, Tenedos, Patareaque regia* (22)

- seine Aufgaben- bzw. Wirkungsbereiche: Weissagung: *quod eritque fuitque estque* (23 / 24); Musik: *concordant carmina nervis* (24); Kunst, den Bogen zu führen: *certa nostra   sagitta* (25); Medizin: *inventum medicina meum* (27A), *opifer* (27B), *herbarum … potentia* (28)

Wirkung der Selbstdarstellung: freier Schülerbeitrag

A2 **Inszenierung**

Freier Schülerbeitrag

A3 **Was ist Schönheit?**

Freier Schülerbeitrag

Hinweise

In dieser Aufgabe geht es um eine grundsätzliche Reflexion über einen – überall in der Welt und in allen Epochen – hochgeschätzten Wert, der besonders im Leben von Jugendlichen eine sehr große Rolle spielt: das eigene gute Aussehen. Es hat einerseits durch seine Außenwirkung wesentlichen Einfluss auf die Stellung der betreffenden Person in der Gruppe und in der Gesellschaft. Andererseits ist es für die Psyche der betreffenden Person, also für die Wirkung nach innen, wichtig, zu wissen, wie sie von ihren Mitmenschen gesehen wird. Vermutlich beeinflusst gutes Aussehen oft auch den beruflichen Werdegang und trägt zur Existenzsicherung bei. Dennoch ist es schwierig, genau zu benennen, was Schönheit ausmacht, auch wenn jedem klar ist, dass Schönheit etwas Angenehmes ist. Dass man Schönheit nicht nur bei Menschen, sondern auch bei abstrakten Dingen findet (z. B. ein schönes Gefühl), macht die Aufgabe einer klaren Definition noch schwieriger. Dass Schönheit immer im Auge des Betrachters entsteht, ist den Jugendlichen vermutlich nicht bewusst. Diese Erkenntnis aber ist das eigentliche Lernziel der Arbeitsaufträge.

- Zunächst sollen die Schüler durch eine Bildbetrachtung dafür sensibilisiert werden, dass Schönheit, vor allem die der Frauen, in verschiedenen Epochen verschieden definiert und bildlich umgesetzt wurde:[1] Der spanische Maler Pablo Picasso (1881–1973) malte in einer frühen Schaffensphase, in der er verschiedene Stile ausprobierte, das Bild »Two Women Running on

---

1 Hinweis: Peter Paul Rubens (1577–1640) und andere Maler seiner Epoche hielten üppige Frauen, deren Körper nicht (mehr) straff waren und deutliche Spuren des Lebens aufwiesen, für besonders schön. Im Unterricht könnten Bilder von Rubens (z. B. »Toilette der Venus«) noch klarer zeigen, wie wandelbar das Schönheitsideal ist.

the beach« (1922). Das Bild lebt von den kraftvollen Bewegungen der Frauen und ihrer offen zur Schau getragenen Körperfülle. Ihre Üppigkeit und Lebenslust machen sie schön. Daraus ergibt sich, dass Schönheit auch etwas mit der inneren Einstellung eines Menschen zu tun hat.

Während sich bei Picasso die Frauen in natürlichen Bewegungen zeigen, wirkt das Model artifiziell, d.h. auf künstliche Weise schön. Seine Schönheit ist Produkt langer Überlegung und Vorbereitung: Die Kleidung ist in Farbkomposition und Schnitt sorgfältig ausgewählt und zusammengestellt, die Bluse gewährt Blicke auf die nackte Haut (ganz anders dagegen die Nacktheit bei Picasso), Schmuck (Ohrringe und Gürtel) und Frisur ergänzen das Kunstwerk. Auch das Foto ist arrangiert: Der Kopf der Frau deckt sich mit der höchsten Linienführung des Brückengeländers. Die Schönheit dieser Frau steht in starkem Kontrast zur Schönheit der am Strand rennenden Frauen Picassos.

- Ovids Vorstellung von Schönheit wird in der Daphne-Episode nur angedeutet: Seine Daphne hat strahlende Augen, ein küssenswertes Mündchen (Doppelbedeutung *osculum*), schöne Finger, Hände, Unter- und Oberarme. Ein bisschen nackte Haut ist zu sehen, manches ist zu erahnen. Der Körper bleibt der Phantasie des Lesers überlassen.

- Wenn Schüler vor diesem Hintergrund ihre eigenen Vorstellungen einfügen, werden sie erkennen, dass es keine feste Definition für Schönheit gibt – wie sie vielleicht bisher meinten. Sie können verschiedene, dem Zeitgeist und der Mode geschuldete Elemente zusammenstellen und bemerken vielleicht, wie einseitig sie sich selbst betrachten und einschätzen. Schließlich bleibt ja immer die Frage, was man sieht, wenn man sich im Spiegel betrachtet: Sieht man sich so, wie man tatsächlich ist, oder sieht man das Bild, das man von sich bereits im Kopf hat?

- In dem Textauszug aus der *Ars amatoria* (2,641–662, gekürzt) rät Ovid dem Mann, seiner Freundin körperliche Mängel nicht vorzuwerfen. Vielmehr solle er sie »beschönigen«. Auf diese Weise könne der werbende Mann seinem Mädchen näherkommen. Die Überschrift »Schönheitsoperationen«[1] drückt aus, dass der Mann in seinem Kopf an seinem eigenen Schönheitsbegriff Operationen vornehmen muss. Seine Vorstellung muss korrigiert werden, sie darf sich nicht an der gängigen Vorstellung von Schönheit orientieren, sondern am Erscheinungsbild des Mädchens. So wird aus einem mageren ein schlankes Mädchen und aus einem schielenden Mädchen eines mit Silberblick (Schönheitsmerkmal früherer Epochen).

1 Gerhard Fink / Karl-Heinz Niemann: Ovid, Ars amatoria (Exempla, Heft 5), Göttingen 1983, S. 28.

Textgrundlage mit metrischer Analyse

Ūt cănĭs īn văcŭō lĕpŏrēm cūm Gāllĭcŭs ārvō
vīdĭt ĕt hīc prāedām pĕdĭbūs pĕtĭt, īllĕ sălūtĕm,
sīc dĕŭs ēt vīrgō (e)st: Hīc spē cĕlĕr, īllā tĭmōrĕ.
Quī tămĕn īnsĕquĭtūr, pēnnīs ădĭūtŭs ămōrĭs
5 ōcĭŏr ēst rĕquĭēmquĕ nĕgāt. Tērgōquĕ fŭgācĭs
īmmĭnĕt. Ēt crīnēm spārsūm cērvīcĭbŭs āfflāt.
Vīrĭbŭs ābsūmptīs ēxpāllŭĭt īllă cĭtāequĕ
vīctă lăbōrĕ fŭgāe. Spēctāns Pēnēĭdăs ūndās
»Fēr, pătĕr,« īnquĭt »ŏpēm, sī flūmĭnă nūmĕn hăbētĭs!
10 Quā nĭmĭŭm plăcŭī, mūtāndō pērdĕ fĭgūrăm!«
Vīx prĕcĕ fīnītā tōrpōr grăvĭs ōccŭpăt ārtūs.
Mōllĭă cīngūntūr tĕnŭī prāecōrdĭă lībrō.
Īn frōndēm crīnēs, īn rāmōs brācchĭă crēscūnt.
Pēs mŏdŏ tām vēlōx pĭgrīs rādīcĭbŭs hāerĕt.
15 Ōră căcūmĕn hăbĕt. Rĕmānēt nĭtŏr ūnŭs ĭn īllā.
Hānc quŏquĕ Phōebŭs ămāt. Pŏsĭtāqu(e) īn stīpĭtĕ dēxtrā
sēntĭt ădhūc trĕpĭdārĕ nŏvō sūb cōrtĭcĕ pēctŭs.
Cōmplēxŭsquĕ sŭīs rāmōs ūt mēmbră lăcērtīs
ōscŭlă dāt līgnō. Rĕfŭgīt tămĕn ōscŭlă līgnŭm.
20 Cūi dĕŭs: »Āt quŏnĭām cōniūnx mĕă nōn pŏtĕs ēssĕ,
ārbŏr ĕrīs cērtē« dīxīt »mĕă. Sēmpĕr hăbēbūnt
tē cŏmă, tē cĭthărāe, tē nōstrāe, lāurĕ, phărētrāe.«

F1 Gliederung

Mögliches Tafelbild:

Versabschnitt	Vorherrschende(s) Subjekt(e)	Inhalt
1–3	deus et virgo	Apollo verfolgt die fliehende Daphne wie der Hund den Hasen.
4–6	qui (= Apollo)	Der Gott nähert sich rasch; die Lage wird für Daphne immer bedrohlicher.
7–10	illa (= Daphne)	In höchster Not bittet Daphne ihren Vater, ihre schöne Gestalt zu verwandeln.
11–15	praecordia, crines, bracchia etc. (= Daphnes Körperteile)	Ihre Körperteile werden in einen Baum verwandelt.
16–22	Phoebus, deus (= Apollo)	Der Gott verehrt Daphne auch in der neuen Gestalt eines Lorbeerbaumes, den er zu seinem heiligen Baum erhebt.

F2 Die Entscheidung naht

1. Mögliches Tafelbild:

Die Entscheidung naht

Apollos Aktionen	Daphnes Reaktionen
insequitur (4): Apollo verfolgt Daphne beharrlich.	viribus absumptis (7): Daphnes Kräfte gehen zu Ende.
requiemque negat (5): Apollo gewährt ihr keine Pause.	expalluit (7): Daphne ist sich der Ausweglosigkeit ihrer Lage bewusst.
tergoque ... imminet (5/6): Apollo ist dicht hinter ihr. – crinem sparsum cervicibus afflat (6): Er berührt mit seinem Atem ihr Haar.	„fer, pater,", inquit, „opem!" (9) – „perde figuram!" (10): In höchster Not fleht die junge Frau ihren Vater um Hilfe an.

2. Gestaltung der Dramatik des Geschehens durch Hyperbaton und Alliteration:

   pennis adiutus amoris (4): Apollo läuft – von den Flügeln der Liebe getragen (vgl. Ausdruck »beflügelt«) – schneller als Daphne. → Das Hyperbaton bildet das »Getragenwerden« ab.

citaeque victa labore fugae (7, 8): Das Hyperbaton verdeutlicht, wie sehr Daphne von der Anstrengung der schnellen Flucht »umringt« und dadurch erschöpft wird und so gut wie besiegt ist.

praedam pedibus petet (2): Die Alliteration macht die Bedrängnis hörbar, d. h., der Rezipient kann das Geräusch der Schritte des Verfolgers hören.

F 3 Omnia mutantur

Mögliches Tafelbild:

Omnia mutantur (Kap. 3,12–15A)	
Körperteile	*Bestandteile des Baumes*
mollia … praecordia (12)	*tenui … libro (12)*
crines (13)	*in frondem (13)*
bracchia (13)	*in ramos (13)*
pes … velox (14)	*pigris radicibus (14)*
ora (15)	*cacumen (15)*

Hinweis: Wenn Schüler einen menschlichen Körper oder einen Baum skizzieren und auf diese Weise die einzelnen Phasen der Verwandlung darstellen können, ist diese Form der Visualisierung vorzuziehen.

F 4 Aspekte der Verwandlung

1. Daphne selbst veranlasst die Verwandlung. Wer sie ausführt, bleibt ungesagt.
2. Daphnes jungfräuliche, glänzende Schönheit korrespondiert vor der Verwandlung mit ihrer seelischen Reinheit und körperlichen Unberührtheit. Daphnes Naturverbundenheit und ihre asexuelle Lebensweise werden in der Gestalt des Baumes sichtbar.
3. Der Darstellung Ovids kann man keine systematisch oder gar chronologisch stattfindende Abfolge der verwandelten Körperteile entnehmen, etwa von oben nach unten oder von außen nach innen. Möglicherweise ist die Metamorphose so dargestellt, wie sie Daphne gespürt haben könnte. Die eigentliche Verwandlung ist mit V. 15 abgeschlossen. Wo das Menschsein endet und die neue Gestalt beginnt, bleibt offen, denn Ovid sagt in den Versen 17 und 19: *sentit adhuc trepidare novo sub cortice pectus* (17). *refugit tamen oscula lignum* (19B). Hier stellen sich wichtige Fragen, die mit den Schülern diskutiert werden können: Bleibt ein »Stück« Mensch zurück? Steckt überhaupt in jeder Kreatur (Mensch, Tier, Pflanze) etwas Mensch-

liches, das man schützen und respektieren muss? Welches Weltbild ist das richtige? Das anthropozentrische, das den Menschen in den Mittelpunkt des Wertesystems stellt und der Natur nur dann eine Existenzberechtigung einräumt, wenn sie dem Menschen dient?[1] Oder das holistische, ganzheitliche Weltbild, in dem Menschen, Tiere, Pflanzen und die unbelebte Natur denselben Stellenwert und – daraus abgeleitet – dieselben Rechte besitzen?[2]

4. Von Daphnes früherem Wesen bleiben ihre Naturverbundenheit, ihre asexuelle Haltung und ihr Glanz. Der Glanz ihrer Schönheit überträgt sich auf den Glanz des Lorbeerblattes. Die dunkelgrünen Blätter und die schwarzen Früchte des Baumes könnten einen Hinweis enthalten, dass Daphne nach wie vor nicht attraktiv sein will und ihr zurückhaltendes, Liebe abweisendes Wesen beibehält. In den sich anschließenden Versen wird sich Daphne umstimmen lassen: Sie wird die Aufwertung des Lorbeerbaumes zu einem Teil apollinischer Verehrung und damit ihre Rolle an der Seite des Gottes akzeptieren (*factis modo laurea ramis / adnuit utque caput visa est agitasse cacumen,* Met. 1,566 / 567).

5. Daphne kann durch die Verwandlung der Vergewaltigung entgehen. Mit ihr hätte sie ihre Jungfräulichkeit und ihre Selbstbestimmung verloren. Sie wählt das in ihren Augen kleinere Übel, die Verwandlung. Insofern ist die Verwandlung zwischen Hilfe (der Vergewaltigung zu entgehen) und Nicht-Hilfe (keine Erhaltung ihres menschlichen Wesens) angesiedelt. Lohn und Strafe halten sich die Waage. Als Baum übt Daphne als quasi asexuelles Wesen keine Anziehung mehr auf Männer aus, sodass ihr Wunsch, ehelos und allein zu bleiben, erfüllt wird. Auch wenn sie in ihrer liebgewonnenen Umgebung bleibt und Teil der Natur wird, verliert sie mit dem Menschsein auch ihre Bewegungsfreiheit; diese aber ist Ausdruck von Selbstbestimmung.

---

1 Der Philosoph Protagoras sagt: καὶ γὰρ ἐκεῖνος ἔφη πάντων εἶναι χρημάτων μέτρον ἄνθρωπον, und jener sagt, der Mensch sei das Maß aller Dinge (zitiert nach Aristoteles, Met. 1062b12)

2 Vgl. auch die Verwandlung der Schwestern des Phaëthon (Met. 2,346 ff.): Hier verläuft die Metamorphose so: Beine (Erstarrung und Wurzelbildung) – Haare – Schenkel – Arme – Bauch (oder Geschlechtsteile: *inguina*) – Unterleib – Brust – Schultern – Hände. In der Daphne-Episode kann Apollo im Baum noch den Herzschlag spüren. Beim Phaëthon-Mythos bleibt die Funktion des Mundes erhalten. Die Bäume können noch sprechen (*exstabant tantum ora vocantia matrem,* Met. 2,355) und offenbaren auch, dass sie Schmerzen empfinden können (*nostrum lacerantur in arbore corpus,* Met. 2,362).

A1 **Bilanz ziehen**

Freier Schülerbeitrag. Anregungen: Dass Daphne den Wunsch hat, sich einer Vergewaltigung zu entziehen, ist für jeden Leser verständlich. Sie kann durch die Verwandlung bleiben, was sie ist, eine Frau, die keine sexuellen Erfahrungen machen will. Auf der anderen Seite verliert sie in dieser Geschichte auch wesentliche Aspekte ihrer Identität. Sie verliert ihr Menschsein, ihre Beweglichkeit und die Freiheit, ihren Lebensraum selbst zu gestalten. Dieses Recht gehört zu den unveränderlichen Menschenrechten.

Da der Baum Teil der Natur ist, ändert sich Daphnes Lebensraum nicht. Vielleicht kann sie durch diese Existenzform noch mehr mit der Natur verschmelzen.

A2 **Apollo und Daphne in Text und Bild**

Teilaufgabe 1: Beide Bilder zeigen eine sehr intime Szene: Apollo und Daphne sind als Einheit dargestellt, dicht beieinander, beide sind nackt. Die weiblichen Körperformen und das Gesicht des Mädchens sind bei beiden Darstellungen dem Betrachter zugewandt und klar zu erkennen. Das Gesicht des Gottes hingegen ist entweder nur von der Seite angedeutet (Ernst Alt) oder überhaupt nicht zu erkennen (Vidal), weil Apollo sich mit abgewandtem Gesicht an Daphne klammert. Ohnehin drängt sich bei beiden Bildern der Eindruck auf, dass die Künstler nicht die vollzogene, vollständige Metamorphose darstellen wollen, sondern die Gefühle der betroffenen Personen im Moment der Verwandlung.

Bild 1 (Beatriz Martin Vidal): Durch zwei diagonale Linien kann man vier Bildbereiche erhalten. Im oberen Feld erkennt man den leicht abgewinkelten Kopf des Mädchens, dessen Hände und Arme gerade in Äste verwandelt werden. Ihre geschlossenen Augen und ihr friedlicher Gesichtsausdruck zeigen, dass Daphne der menschlichen Welt bereits entrückt ist. Die rote Farbe, die sich um Kopf und Arme legt, kann verschieden gedeutet werden. Vielleicht sind hierdurch die Blätter eines Baumes gemeint, der aus der Liebe eines Mannes zu einer Frau entstanden ist und damit Synonym für Liebe wäre. Rot ist aber auch eine »dramatische« Farbe; dadurch, dass sie wie getupft wirkt, könnte zum Ausdruck gebracht werden, dass sich die dramatische Situation zu verflüchtigen scheint und durch die Verwandlung Ruhe einkehren wird. Gewiss sind auch noch andere Deutungen möglich.

Im unteren Bildausschnitt kauert in sich gekehrt Apollo – sich eng an das Mädchen anschmiegend und ihre Beine fest umklammernd. Der Gott wirkt gebrochen und will den letzten Rest von Daphnes menschlicher Existenz noch krampfhaft festhalten. Liebe und Reue bestimmen seine Haltung. Seine weiß dargestellte Figur steht in starkem Kontrast zur blutroten Färbung der Umgebung Daphnes im oberen Bildausschnitt. Das linke und das rechte Feld sind bis auf wenige Farbschattierungen frei gelassen. Dadurch wirkt Daphne wie eine Person, die – durch ein Nadelöhr oder eine Lücke schlüpfend – der Gefahr entrinnen konnte.

Bild 2 (Ernst Alt) stellt eine sehr intime, fast erotische Szene dar. In der Farbgestaltung spiegeln sich die unterschiedlichen Gefühle beider Personen wider: Die rostrote Farbe steht für Apollos Liebe und seine ihn verzehrende Liebesglut. Mit seinen Händen umfasst er zärtlich Daphnes Leib, der sich aber seinem Zugriff zu entziehen scheint.

In den Zweigen des entstehenden Lorbeerbaumes hängt eine Lyra; möglicherweise will der Künstler damit andeuten, dass Apollo, der Gott der Musik, in seiner Trauer seine Fähigkeiten nicht mehr entfalten kann und zunächst einmal von seiner großen Liebe Abschied nehmen muss. Daphne ihrerseits ist in einer blassen und eher kalten Farbe dargestellt. Sie kann als Zeichen von Distanz aufgefasst oder als Farbe des Todes verstanden werden.

Auch die Haltung der Personen bringt ihre innere Verfassung zum Ausdruck: Daphne wirkt gelöst, entspannt und in eine andere Welt entrückt. Apollo wirkt demütig und in sich gekehrt. Er gibt sich dieser Frau hin.

Auffallend an Ernst Alts Interpretation des Mythos ist, dass Daphnes Kopf Apollo zugeneigt ist; ihre Gesichtszüge muten mild, sogar liebend an. Damit hinterlässt das Bild einen rührenden Eindruck, da beide Protagonisten eine Einheit bilden und Zusammengehörigkeit signalisieren. Hier liegt auch der größte Unterschied zu Bild 1: Daphne strebt dort immer noch von Apollo weg, hier wirken Gott und Mädchen wie eine Einheit.

Bild 1 kommt daher Ovids Darstellung näher, Bild 2 entfernt sich von ihr, indem es in einer erotischen Szene eine Liebesbeziehung andeutet.

Teilaufgaben 2 und 3: freie Schülerbeiträge

Gesamtinterpretation: Rückblick und Vertiefung

F 1 Daphne-Episode

Teilaufgabe 1

Mögliches Tafelbild:

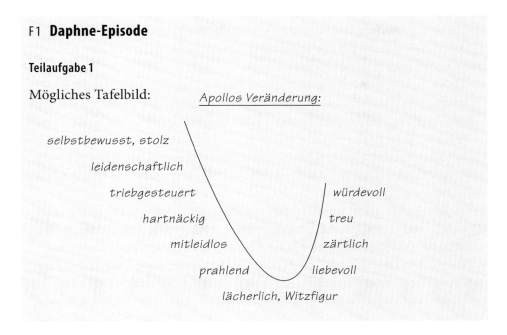

Apollos Veränderung:

selbstbewusst, stolz

leidenschaftlich

triebgesteuert   würdevoll

hartnäckig   treu

mitleidlos   zärtlich

prahlend   liebevoll

lächerlich, Witzfigur

Getroffen von Amors Pfeil sind Apollos Emotionen im freien Fall: Stolz verwandelt sich in Hybris, die ihn zu einer triebgesteuerten, mitleidlosen, selbstbezogenen Person werden lässt. Im Tiefpunkt der Entwicklung ist Apollo nur noch eine Witzfigur. Das bedeutet aber nicht, dass Daphne keine Bedrohung mehr verspürt. Nur für einen Außenstehenden erschließt sich die Entwicklung.

Wissenschaftliche Untersuchungen belegen, dass sich durch traumatische Erlebnisse die Gehirnaktivität des Menschen verändert. Die Verwandlung in letzter Not dürfte für Apollo ein solches Trauma gewesen sein, er kommt zur Besinnung. Jetzt kann er zu den Verhaltensweisen zurückkehren, die seine Göttlichkeit ausmachen: Sittlichkeit, Weisheit, Fürsorge.

Teilaufgaben 2 – 4: Freie Schülerbeiträge

Phaëthon-Erzählung

Kontext

Der Phaëthon-Mythos nimmt innerhalb des Gesamtwerks der *Metamorphosen* in mehrfacher Hinsicht eine besondere Stellung ein:

- Der Mythos ist die längste zusammenhängende Geschichte (Met. 1,747–2,400) innerhalb der *Metamorphosen*.
- Die Buchgrenze zwischen Buch 1 und Buch 2 stellt (ohne Worte) den Weg des Phaëthon zum Palast des Sonnengottes dar und ist somit keine Zäsur, sondern integrativer, die Phantasie der Leser anregender Bestandteil der Geschichte.
- In Buch 1 wird die Vorgeschichte behandelt, die Anlass und Motiv für die Haupterzählung ist; diese füllt ihrerseits fast die erste Hälfte des zweiten Buches aus.
- Der Mythos ist nicht mit dem Tod des Phaëthon abgeschlossen, sondern mündet in verschiedene Folgegeschichten, in denen nahestehende Menschen große Trauer über das Ende des jungen Mannes empfinden: die Mutter **Clymene** (Met. 2,333–339), seine Schwestern, die **Heliaden** (2,340–366), sein Freund **Cygnus** (Met. 2,367–380) und **Sol** selbst, der leibliche Vater Phaëthons (Met. 2,329–333 / 2,381–400); dieser will in seiner übergroßen Trauer über den Tod des Sohnes und aus dem Gefühl der Ohnmacht gegenüber Iuppiter die ihm angestammte Aufgabe innerhalb des fragilen Weltsystems nicht mehr erfüllen. Hier berührt der Phaëthon-Mythos den ersten Themenkomplex der *Metamorphosen*, die existentielle Gefährdung der Welt und der Menschen.

Götterliebe

Der Mythos ist außerdem in den Themenkomplex »Götterliebe« eingebettet. Im ersten Bücherpaar sind Apollo und Iuppiter die liebenden Götter[1]. Jeweils eine Geschichte von Apollo und eine von Iuppiter umrahmen in chiastischer Anordnung den Phaëthon-Mythos.

Die Nymphe Daphne kann sich dem stürmischen **Apollo** nur durch eine Verwandlung in eine andere Existenzform entziehen, Koronis dagegen wehrt sich nicht gegen den Gott und wird seine Geliebte; schließlich wendet sie sich aber von ihm ab, um einen Sterblichen zu heiraten. In beiden Mythen muss der vor Leidenschaft brennende Apollo Niederlagen hinnehmen, auf die er am Ende jeweils mit Reue über sein Handeln reagiert. So gibt er Daphne, nachdem sie ihre menschliche Gestalt aufgegeben hat, einen festen und ewi-

---

1 Apollo verliebt sich in Daphne (1,475–567) → Iuppiter verliebt sich in Io (1,568–747) → Phaëthon (1,748–779 / 2,1–400) → Iuppiter verliebt sich in Kallisto (2,401–533) → Apollo verliebt sich in Koronis (2,542–632).

gen Platz an seiner Seite (Lorbeerbaum, Lorbeerkranz). Koronis dagegen wird auf Bitten Apollos von dessen Schwester Diana mit dem Pfeil getötet, als bekannt wird, dass das Mädchen sich einem anderen Mann zugewandt hat. Doch bevor ihr Leichnam verbrannt wird, veranlasst Apollo die Rettung des gemeinsamen Kindes (Asklepios, Gott der Heilkunst). So bleibt auch hier durch die späte Einsicht eines Gottes, der als Symbol für Weisheit gilt, etwas Unsterbliches zurück.

Anders **Iuppiter**: Um seine Leidenschaft auszuleben, wendet er gegenüber beiden widerstrebenden Mädchen unterschiedliche Listen an: Um Io zu vergewaltigen, begegnet er ihr als Nebelwolke (gegen Nebel kann man sich nicht wehren!). Der Nymphe Kallisto nähert er sich in der Gestalt der Göttin Diana (Diana als jungfräuliche Göttin, die über jeden Zweifel erhaben ist!). Beide Mädchen werden von der eifersüchtigen Iuno hart bestraft.

Mitten in diese beiden Göttermythen mit ihren jeweils verschiedenen Aspekten und Verläufen schiebt Ovid die Erzählung von Phaëthon. Sie gilt als Exemplum für menschliche Selbstüberschätzung. Ein Sterblicher will unsterbliche Taten vollbringen und löscht durch seine Hybris fast den gesamten Kosmos aus.

Iuppiter und Io

Die groß angelegte Phaëthon-Erzählung wird erst vor dem Hintergrund der turbulenten Episode um Iuppiter und Io verständlich, deren Verlauf deshalb hier ausführlicher skizziert werden soll.

Iuppiter verliebt sich in Io, eine Tochter des Flussgottes Inachos, und spricht zu ihr folgende Worte:

> *»O virgo Iove digna tuoque beatum*
> *nescio quem factura toro. Pete« dixerat »umbras*
> *altorum nemorum,« – et nemorum monstraverat umbras –*
> *»dum calet, et medio sol est altissimus orbe.*
> *Quodsi sola times latebras intrare ferarum,*
> *praeside tuta deo nemorum secreta subibis*
> *nec de plebe deo, sed qui caelestia magna*
> *sceptra manu teneo, sed qui vaga fulmina mitto.*
> *Ne fuge me!« Fugiebat enim.* (Met. 1,589–597)

Iuppiter, allwissend und doch in seiner Leidenschaft allzu menschlich, begeht dieselben Fehler wie Apollo bei seinem Werben um Daphne[1], benutzt er doch gegenüber Io ähnlich machtorientierte und egozentrische Argumente:

---

1 Vgl. Lehrerkommentar zu Kapitel 2: »Apollos Liebesglut«.

- Du, Mädchen, bist Iuppiters würdig!: *virgo Iove digna* (Met. 1,589) → Das Hyperbaton *virgo … digna* umschließt *Iove*: Iuppiter steht im Zentrum (abbildende Wortstellung).
- Du bist durch mich, deinen göttlichen Beschützer, in Sicherheit: *praeside tuta deo* → Hyperbaton voller Ironie: *praeside … deo* umschließt *tuta*: Jetzt steht das Mädchen in der Mitte (Met. 1,594).
- Ich bin kein gewöhnlicher Gott: *nec de plebe deo* (Met. 1,595), ich trage das Szepter der göttlichen Allmacht: *sceptra manu teneo* und schleudere (strafende) Blitze: *vaga fulmina mitto* (Met. 1,596).

Doch die junge Frau lässt sich von den Worten des Göttervaters nicht gewinnen und flieht. Nun greift Iuppiter zu einer List: Er verwandelt sich in eine undurchdringliche Nebelwolke und vergewaltigt so Io (*rapuit pudorem*, Met. 1,600). Aus der Verbindung entsteht Epaphus.

Da Iuppiter die Eifersucht seiner Ehefrau fürchtet, verwandelt er Io in eine schöne, schneeweiße Kuh. Doch Iuno kommt ihrem Gatten auf die Schliche. Zunächst lässt sie die Kuh von Argos bewachen, später scheucht sie diese durch die ganze Welt. Immer noch auf der Flucht vor Iuno, überquert Io schließlich das Meer und gelangt nach Ägypten. Dort fleht sie die Götter an, sie von ihrer tierischen Gestalt zu erlösen. Iuno willigt auf inständiges Bitten ihres Mannes ein und gibt Io die menschliche Gestalt zurück. Schließlich werden Io und ihrem Sohn Epaphus sogar göttliche Ehren zuteil (Met. 1,747–750A): Epaphus wird offiziell als Sohn Iuppiters anerkannt (Met. 1,748–749).

Vergleich Io – Phaëthon

Dieser Mythos führt zur Phaëthonerzählung, denn Epaphus ist einer der Protagonisten der Episode und Gegenspieler des Phaëthon. Zudem ist seine Herkunft Auslöser des Streites, den die beiden jungen Männer unter sich austragen.

Beiden Erzählungen (Iuppiter und Io / Phaëthon) ist gemeinsam, dass die Geschehnisse sehr ausführlich dargestellt werden und dennoch von einem hohen Tempo geprägt sind. Iuno jagt Io bis zur Erschöpfung durch die ganze Welt. Das Mädchen ist beständig auf der Flucht vor Iuppiters Gattin.

Phaëthon dagegen schafft sich sein Tempo selbst, indem er, getrieben von seinem Begehren nach einer ihn überhöhenden Tat, alle Hinweise, die er auf seinem Weg zum Vater erkennen und zur Überprüfung seines Wunsches bedenken könnte, völlig übersieht: Er betritt den Palast und merkt nicht, dass auf seinen Türen bereits Meer, Erdkreis und Himmel, außerdem die zwölf Sternbilder zu sehen sind; all das könnte einen Sehenden auf die Größe des Unterfangens hinweisen (Met. 2,1–18). In den Versen Met. 2,19–30 könnte der junge Mann an Sols Hofstaat erkennen, welche Ordnung für die Existenz der Welt wichtig ist und dass diese Ordnung leicht zu zerstören ist. Phaëthon sieht dies alles nicht, er eilt blick- und verständnislos daran vorbei. Alles, was er in seiner Hast und Ruhelosigkeit tut, wird in nur wenigen Versen geschildert – die Sonnenfahrt ausgenommen: Phaëthon stürmt los (Met. 1,776–779), betritt den Palast und kommt zum Vater (Met. 2,19–23A), bittet um den Wagen (Met. 2,47–48), besteht auf seinem Wunsch (Met. 2,103–104) und steigt auf den Wagen (Met. 2,150–152). Die rasche Abfolge seiner Handlungen zeigen, dass Phaëthon sich keine Zeit zur Reflexion und inneren Einkehr lässt. Er ist ein getriebener Mensch.

Das bestimmende Tempus ist hier das die rasche Abfolge darstellende Präsens: *emicat [extemplo]* (Met. 1,776) – *concipit [aethera]* (Met. 1,777) – *transit* (Met. 1,779) – *adit* (Met. 1,779) – *fert vestigia* (Met. 2,21) – *consistit* (Met. 2,22) – *rogat* (Met. 2,47) – *repugnat* (Met. 2,103) – *premit* (Met. 2,104) – *flagrat* (Met. 2,104) – *occupat* (Met. 2,150) – *stat* (Met. 2,151) – *gaudet* (Met. 2,152) – *grates agit* (Met. 2,152). Man könnte sagen, dass mit diesen Verbformen bereits der halbe Mythos, der aufsteigende Ast der Tragödie, erzählt ist.

Gliederungsansätze

Folgende drei Gliederungsansätze können dazu beitragen, aus verschiedenen Blickwinkeln einen Überblick über die lange Erzählung[1] zu gewinnen: Mit der Grobgliederung gewinnt man eine rasche Übersicht, mit der Feingliederung lässt sich der Verlauf der Geschichte punktgenau verfolgen, vor allem, wenn Teile weggelassen werden; die dritte Gliederung wendet dramaturgische Kategorien an, um das Verhältnis der einzelnen Elemente der Erzählung zueinander sowohl zu benennen als auch bereits zu interpretieren.

Grobgliederung in drei Teile

Met. 1,747–779: Vorgeschichte
Met. 2,1–324: Eigentlicher Mythos (Phaëthons Wunsch und sein Ende)
Met. 2,325–400: Trauer der Hinterbliebenen

Feingliederung

Met. 1,747–779: Zweifel an der Vaterschaft
   751–755: Streit mit Epaphus
   756–764: Bitte an die Mutter um Bestätigung der Vaterschaft
   765–779: Eid der Mutter; Aufbruch zum Vater

---

1 Bis auf die Verse 340–380 sind alle Stellen der Feingliederung (mit geringfügigen Kürzungen) im Schülerband abgedruckt.

Met. 2,1–149: Begegnung mit dem Vater
  1–18: Beschreibung des Palastes bzw. der Palasttüren (Ekphrasis)
  19–30: Der Sonnengott und sein Hofstaat
  31–49: Bestätigung der Vaterschaft, Gewährung eines Wunsches
  50–102: Warnungen und Beschreibung der Schwierigkeiten des Wegs
  103–125: Vorbereitungen zur Fahrt
  126–149: Ratschläge für die Fahrt

Met. 2,150–324: Phaëthons Fahrt mit dem Sonnenwagen
  150–160: Froher Beginn der Fahrt
  161–177: Verlust der Kontrolle über die Pferde, Begegnung mit Sternbildern[1]
  178–213: Verzweiflung und Reue; Weltenbrand
  214–233: Verwüstung des Landes (Katalog der Gebirge)
  234–261: Gefährdung der Gewässer (Katalog der Flüsse) und der Unterwelt
  262–271: Erwärmung der Meere
  272–303: Hilferuf der Tellus
  304–324: Iuppiters Blitz und Tod des Phaëthon

Met. 2,325–400: Trauer um Phaëthon
  325–328: Grabspruch der hesperischen Najaden
  329–332: Trauer des Vaters; Sonnenfinsternis
  333–339: Trauer der Mutter Clymene
  340–366: Trauer und Verwandlung der Schwestern
  367–380: Trauer des Cygnus und seine Verwandlung
  381–400: Trauer und Zorn des Vaters

Gliederung in die fünf Akte (Episoden) einer Tragödie[2]
1. Akt (Met. 2,1–152): Begegnung Vater – Sohn
2. Akt (Met. 2,153–200): Unheilvolle Fahrt
3. Akt (Met. 2,201–271): Leiden der Betroffenen
4. Akt (Met. 2,272–303): Eingreifen von außen
5. Akt (Met. 2,304–322): Katastrophe

---

1 Die Verse 2,150–271 sind in deutscher Übersetzung Grundlage für die Gruppenarbeit im Anschluss an das Kap. 6.
2 SENG, H: Ovids Phaethon-Tragödie, in: JANKA / SCHMITZER / SENG (2007), 171 ff.

Dass das Schicksal des Phaëthon tragische Aspekte aufweist, liegt auf der Hand. In der griechischen Tragödie geht es immer um die existentielle Gefährdung eines Menschen, der in eine ausweglose Situation geraten ist. Was immer er wählt, er wird sich schuldig machen. Wie ein solcher Konflikt bzw. ein solches Dilemma den Phaëthon-Mythos bestimmt, wird im Laufe der Interpretation zu beleuchten sein.

Der vorangegangenen Gliederung liegt der Aufbau einer Tragödie in fünf Episoden zugrunde; dieser Aufbau geht mit einer gewissen inhaltlichen Abfolge einher:

- Der erste Akt zeigt eine **steigende Handlung,** hier die Annäherung des Sohnes an den Wohnort des Vaters und die Begegnung mit ihm.
- Der zweite Akt beinhaltet den **Höhepunkt des tragischen Moments,** die unheilvolle Fahrt, die für Phaëthon eine **innere Peripetie** mit sich bringt.
- Der dritte Akt schildert die Peripetie der Betroffenen; es handelt sich dabei um eine **äußere Peripetie,** weil die Lebewesen auf der Erde, die Erde selbst mit Flüssen und Bergen, die Meere und auch die Unterwelt eine äußere Veränderung, die ihre Existenz bedroht, hinnehmen müssen, ohne für sie verantwortlich zu sein.
- Im vierten Akt **fällt** durch das Eingreifen der Tellus **die dramatische Handlung ab.**
- Im fünften Akt kommt es schließlich für Phaëthon zur **Katastrophe.**

4 Streit unter Göttersöhnen

Textgrundlage mit metrischer Analyse

        Quēm quōndām māgnā lŏquēntĕm
Nēc sĭbĭ cēdēntēm Phōebōquĕ părēntĕ sŭpērbŭm
nōn tŭlĭt Īnăchĭdēs: »Mātrīqu(e)« āit »ōmnĭă dēmēns
crēdĭs ĕt ēs tŭmĭdūs gĕnĭtōrĭs īmāgĭnĕ fālsī.«
5 Ērŭbŭĭt Phăĕthōn īrāmquĕ pŭdōrĕ rĕprēssĭt.
Ēt tŭlĭt ād Cly̆mĕnēn Ĕpăphī cōnvīcĭă mātrĕm:
»Quō« quĕ »măgīs dŏlĕās, gĕnĕtrīx,« āit »īll(e) ĕgŏ lībĕr,
īllĕ fĕrōx tăcŭī. Pŭdĕt hāec ōpprŏbrĭă nōbīs
ēt dīcī pŏtŭĭss(e) ēt nōn pŏtŭīss(e) rĕfēllī.
10 Āt tū, sī mŏdŏ sūm cāelēstī stīrpĕ crĕātŭs,
ēdĕ nŏtām tāntī gĕnĕrīs mēqu(e) āssĕrĕ cāelō!«
Dīxĭt ĕt īmplĭcŭĭt mātērnō brācchĭă cōllō.
Pērquĕ sŭūm Mĕrŏpīsquĕ căpūt tāedāsquĕ sŏrōrŭm,
trādĕrĕt, ōrāvĭt, vērī sĭbĭ sīgnă părēntĭs.
15 Āmbĭgŭūm, Clỹmĕnē prĕcĭbūs Phăĕthōntĭs ăn īrā
mōtă măgīs dīctī sĭbĭ crīmĭnĭs ūtrăquĕ cāelō
brācchĭă pōrrēxĭt spēctānsqu(e) ād lūmĭnă sōlĭs:
»Pēr iŭbăr hōc« īnquĭt »rădĭīs īnsīgnĕ cŏrūscīs,   hoc aus *hoc-ce*
nātĕ, tĭbī iūrō, quŏd nōs āudītquĕ vĭdētquĕ,
20 hōc tē, quĕm spēctās, hōc tē, quī tēmpĕrăt ōrbĕm,
Sōlĕ sătūm. Sī fīctă lŏquŏr, nĕgĕt īpsĕ vĭdēndŭm
sē mĭhĭ, sītqu(e) ŏcŭlīs lūx īstă nŏvīssĭmă nōstrīs.
Nēc lōngūs pătrĭōs lăbŏr ēst tĭbī nōssĕ pĕnātēs.
Ūnd(e) ŏrĭtūr, dŏmŭs ēst tērrāe cōntērmĭnă nōstrāe.
25 Sī mŏdŏ fērt ănĭmūs, grădĕr(e) ēt scītābĕr(e) ăb īpsō!«

F1 **Jeder Mensch braucht eine Identität**

Mögliches Tafelbild:

Wer hat die bessere Herkunft?

Stammbaum Phaëthon   *Stammbaum Epaphus*

Sol + Clymene ⚭ Merops   *Iuno ⚭ Iuppiter + Io*
    ↘↙   ↘↙

Phaëthon und 3 Töchter   *Epaphus*

Phaëthons leiblicher Vater **Sol** (gr. Helios) ist der Bruder der Mondgöttin Luna (gr. Selene) und der Göttin der Morgenröte Aurora (gr. Eos). Seine große

Bedeutung wird ihm weniger durch seine Herkunft als durch die Aufgabe zuteil, gemeinsam mit seinen Schwestern den immer gleichen Lauf der Welt zu gewährleisten. **Clymene** ist Phaëthons Mutter und die Gattin des Merops, des Königs von Äthiopien. Doch sie scheint vor allem die Geliebte des Sonnengottes zu sein, mit dem sie vier Kinder hat. Wegen seiner Abstammung mütterlicherseits ist Phaëthon sterblich.

Epaphus' Mutter **Io** wird in Ägypten als Göttin verehrt (Met. 1,749, s. o.). Aber als Tochter des Flussgottes Inachos ist sie nur eine Gottheit niederen Ranges. Epaphus hat aber **Iuppiter**, den höchsten olympischen Gott, zum Vater. Damit hat er eindeutig die höherwertige Herkunft.

F 2 **Gute Seiten – schlechte Seiten**

Mögliches Tafelbild:

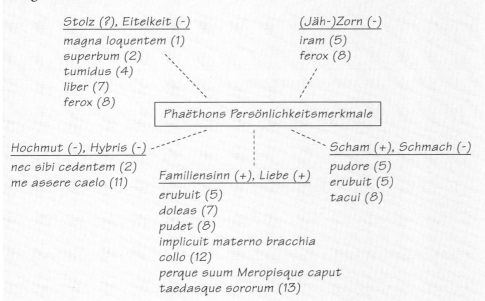

Phaëthon zeigt mehr negative als positive Seiten; die negativen beeinflussen sein Denken so stark und bestimmen sein Handeln so sehr, dass die guten Seiten zunehmend an Wirkung verlieren. Zu den **positiven** zählen gewiss sein Familiensinn und das Verhältnis zu seiner Mutter und seinen Schwestern. Die Familie bildet offensichtlich seinen Lebensmittelpunkt. Der Stiefvater Merops kommt im Text nur am Rande als Bezugsperson vor. Dennoch kann man davon ausgehen, dass es sich hier um eine »intakte« Familie handelt. Als Beleg mag gelten, dass die Trauer der Schwestern tief geht (Kap. 8, Einleitung zum Text). Dass Phaëthon die Anerkennung seines leiblichen Vaters erlangen will, ist allerdings weniger Ausdruck von Sohnesliebe, als vielmehr Mittel zum Zweck der Selbstbestätigung: Der junge Mann will seine Position in der Gesellschaft klären. Er wird durch den Streit mit Epaphus, der ihn als Person in Frage stellt und wesentliche Faktoren seines Selbstbildes zu zerstören versucht, gekränkt, bloßgestellt und heftig erregt. Im Streit zeigt er seine **schlechten** Eigenschaften: Stolz, Eitelkeit und Jähzorn. Aber er empfindet auch Scham. Scham zu zeigen ist zunächst keine schlechte Eigenschaft, beweist sie doch, dass man bestimmte gesellschaftliche Normen verinnerlicht hat, deren Verletzung – z. B. durch Bloßstellung – seelische Nöte hervorruft. Erst die Schlussfolgerungen aus dem Schamgefühl und eventuelle Folgehandlungen sind negativ, so wie bei Phaëthon, der aus Scham Minderwertigkeitsgefühle entwickelt und diese durch irrationale Wünsche kompensieren will. Erst durch Epaphus' Provokation ist Phaëthon stark verunsichert. Das führt dazu, dass er seine Mutter über Gebühr bedrängt. Erst jetzt empfindet er seine ungeklärte Herkunft als so bedrückend, dass nichts anderes mehr wichtig zu sein scheint. Seine Nöte verschließen ihm Ohren, Herz und Verstand.

A 1 Ein Bild sagt manchmal mehr als tausend Worte

1. In der Mitte der Zeichnung steht ein Steinblock, aus dem gerade eine Figur herausgeschnitten werden soll. Der, der den Stein mit Hammer und Meißel kunstvoll bearbeitet, ist die Figur selbst, die daraus entstehen soll. So stellt sich der Bildhauer als Macher auf seinen eigenen Sockel und schafft sich selbst ein Denkmal – Schlag für Schlag. Der Mensch, der auf diese Weise langsam zum Vorschein kommt, hat kein menschliches Antlitz, sondern das eines eitlen »Gockels«. Sein Gesichtsausdruck wirkt durch die stark gekrümmte Nase und die starr blickenden Augen hochnäsig. Dieser unsympathische Eindruck wird durch die wie von einem Windhauch hoch getriebenen Haare und die wie Schwanzfedern wippenden Rockschöße noch verstärkt. Der Bildhauer vermittelt so den Eindruck einer Person, die weiß, was sie will. Das Bild karikiert auf ironische Weise den zu allen Zeiten der Menschheit auffälligen Drang zur Selbstdarstellung.
Anregungen für eine Überschrift: *Ich bin der Größte! – Sich selbst ein Denkmal setzen – Seht mich!*

2. In diesem Bild kommt das Streben nach Höherem und nach Selbstvergötterung bzw. Unsterblichkeit zum Ausdruck, Aspekte, die man – zumindest in Ansätzen – auch bei Phaëthon findet.

F 3 **Menschen können so böse sein!**

Folgende Äußerungen von Epaphus sind provokant und können von
Phaëthon wie folgt gehört werden:

1. *Matrique ... omnia demens credis* (3 / 4): Du bist von Sinnen (gestört)
   (demens). – Du bist leichtgläubig und naiv *(omnia credis)*. – Du bist ein
   Muttersöhnchen *(matri)*. – Du bist unkritisch und vertrauensselig *(omnia
   credis)*.
2. *es tumidus* (4): Du blähst dich auf (wie ein Frosch). – Du bist krank. –
   Du platzt bald (dein böses Ende steht bevor).
3. *genitoris imagine falsi* (4): Sol ist nicht dein richtiger Vater *(genitoris
   falsi)*. – Du bildest dir das alles nur ein *(imagine)*.

In den Worten *demens, tumidus, imago falsa* stecken böse Gemeinheiten, weil
alle Äußerungen den Aspekt der Krankheit enthalten: den der körperlichen
Krankheit: *tumidus* (mit Assoziation zu *tumor* / Tumor) und den der geistigen
Krankheit: *demens, imago falsa* (zur Enallage umgestellt) im Sinne eines
Realitätsverlustes. Phaëthon würde sein Gesicht verlieren und glaubt deshalb,
auf diese Unterstellungen seines Kontrahenten reagieren zu müssen.

F 4 **Mutter und Sohn**

Mögliches Tafelbild:

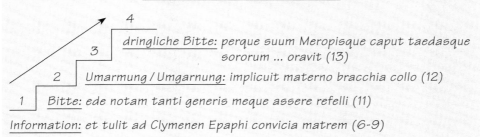

Zielorientierte Strategien (Kap. 1)

4

3   *dringliche Bitte: perque suum Meropisque caput taedasque
sororum ... oravit (13)*

2   *Umarmung / Umgarnung: implicuit materno bracchia collo (12)*

1   *Bitte: ede notam tanti generis meque assere refelli (11)*

Information: et tulit ad Clymenen Epaphi convicia matrem (6-9)

Unmittelbar nach dem Streit eilt Phaëthon wutentbrannt und voller Scham
zu seiner Mutter. »*Genetrix*« (»*Erzeugerin*«, 7) nennt er sie, nicht »Mutter«.
Sie wird vermutlich heraushören, dass es ihrem Sohn um etwas Wichtiges,
die Familie Betreffendes geht. Die Anrede wirkt einerseits feierlich-ernst,
andererseits emotional.

    Auf vier Ebenen (s. o. mögliches Tafelbild) spielen sich Phaëthons Hand-
lungen ab, während er vor seiner Mutter steht: Er gibt ihr **Informationen** über

den Streit und involviert sie unverzüglich in die Geschehnisse (*et tulit ad Clymenen Epaphi convicia matrem*, 6–9). Er fügt sofort die **Bitte** an: *ede notam tanti generis meque assere refelli*, 11. Er umarmt sie und fordert damit nicht nur emotionale, sondern auch **körperliche Nähe** ein, d. h., er rückt nahe an sie heran (*implicuit materno bracchia collo*, 12). Er trägt dann ein zweites Mal sein Anliegen vor, wobei er – die Familienmitglieder und die Familienehre als moralische Instanz anrufend – viel Pathos aufbaut *(perque suum Meropisque caput[1] taedasque sororum*, 13). Die erneute Bitte macht er dann durch die Verwendung der zwei Imperative *ede / assere* (11) zu einer **dringlichen Bitte**, fast zu einem Befehl.

Der beschriebene Viererschritt: Information → Bitte → Umarmung (~Umgarnung) → dringliche Bitte um Bestätigung der eigenen Göttlichkeit ist als Klimax ascendens angeordnet und unterstreicht den wachsenden Druck, den Phaëthon auf seine Mutter ausübt. Ohne Skrupel zieht der Junge die Mutter in den Streit bzw. in die Gefühle, die durch den Streit entfacht wurden, mit hinein: *quo magis doleas*, 7 / *haec opprobria nobis*, 8. Phaëthons »Strategie« gelingt: Die Mutter entwickelt dieselben Gefühle wie ihr Sohn: *ambiguum, Clymene precibus Phaëthontis an ira mota magis dicti sibi criminis*, 15 / 16.

Fazit: Phaëthon hat zu seiner Mutter ein sehr vertrauensvolles Verhältnis, sie ist die wichtigste Person, die er aufsucht, um über seine Verletzungen und seine Wut zu sprechen. Der junge Mann manipuliert seine Mutter über Gebühr. Clymene, die offensichtlich keine starke Persönlichkeit ist, lässt sich bedrängen und manipulieren. Sie bestätigt die göttliche Abstammung des Sohnes, schickt ihn aber allein auf den langen Weg zum Vater, ohne ihre Unterstützung.

Stilmittel, die die Aussage unterstützen: Das **Hyperbaton** *et tulit ad Clymenen Epaphi convicia matrem* (5) verdeutlicht, dass die Streitpunkte bei der Mutter »in guten Händen« sind. **Anapher, Ellipse, Antithese, endbetontes Prädikat** *ille ego liber, ille ferox tacui* (7 / 8) veranschaulichen ein hohes Maß an Verletztheit und Wut: Phaëthon kann nur im Telegrammstil den Tatbestand darstellen, so zornig, atemlos und aggressiv ist er. Der **Chiasmus** *et dici potuisse et non potuisse refelli* (9) hebt die Gegensätze *dici* ↔ *refelli* sowie *potuisse* ↔ *non potuisse* stark hervor. Das **Polysyndeton** *perque suum Meropisque caput taedasque sororum* (13) bekräftigt durch die Nennung aller (sterblichen) Familienmitglieder den Wunsch des Phaëthon nach Unsterblichkeit.

---

1 Wie Phaëthons Beziehung zu seinem Stiefvater Merops ist, kann man aus der einzigen Erwähnung (*per … Meropis caput*, 1, 763) nicht recht erkennen. »Vater« nennt er ihn nicht und angesichts der Tatsache, dass Clymene von Sol vier Kinder hat, lässt sich vermutlich nichts Definitives über das Verhältnis der Eheleute zueinander und auch nicht über das zwischen Stiefvater und Stiefkindern sagen.

A 3 **Eltern-Kind-Beziehungen zwischen Nähe und Distanz**

1. Das Fallbeispiel soll Ausgangspunkt für eine lebendige Auseinandersetzung mit allen vier Erziehungsstilen sein. Wertungen wie »richtig« und »falsch« sollten bei der Diskussion vermieden werden. Es gilt vielmehr, die Schüler für das Verhältnis von Nähe und Distanz zu sensibilisieren: Auf der einen Seite können ein Zuviel an Nähe und sehr enge Vorgaben durch die Eltern das Erwachsenwerden und die Selbständigkeit der Kinder erschweren oder gar unmöglich machen. Auf der anderen Seite können auch ein Zuviel an Distanz und zu große Freiräume eine positive Persönlichkeitsentwicklung gefährden. Es kommt auf eine Balance zwischen Nähe und Distanz, Fördern und Fordern an. Wenn Schüler eigene Erlebnisse zum Beleg ihrer Meinung anfügen, muss für ein Outing das Prinzip der Freiwilligkeit gelten. Den Schüler zu bitten, seine Erfahrungen in allgemeiner Form darzustellen, ist eine pädagogisch sinnvolle Maßnahme.

2. Offensichtlich pflegt Clymene einen permissiven Erziehungsstil: Sie ist liebevoll, freundlich und vor allem recht passiv. Wie nachgiebig sie ist, zeigt ihre Rede (18–25). Was Mutter und Sohn zueinander sagen, ist kein echtes Gespräch, in dem beide die Gelegenheit wahrnehmen, Standpunkte auszutauschen oder Strategien zur Streitschlichtung zu entwickeln. In ihrer Antwort setzt Clymene sich nicht mit dem, was ihr Sohn erlebt hat, auseinander. Weder fordert sie ihm eine nachdenkliche Selbsteinschätzung ab noch hilft sie ihm durch Trost und Begütigung; denn den Sohn einfach zum Vater weiterzuschicken, entlastet im Moment zwar sie selbst, holt aber den Jungen nicht aus seiner starken Verunsicherung heraus. Im Gegenteil: Clymene verstärkt seinen Wunsch, Klarheit über seine Herkunft zu erhalten. Denn sie stellt seinen leiblichen Vater Phoebus größer dar, als es ihm im System der olympischen Götter zukommt. Vielleicht wäre es Phaëthon gelungen, mit Epaphus' Vorwürfen und Gemeinheiten angemessen umzugehen, wenn seine Mutter anders mit ihm umgegangen wäre. Statt ihren Sohn übertrieben zu behüten und sich von seiner Sichtweise unreflektiert vereinnahmen zu lassen, hätte sie ihm helfen können, ein realistisches Selbstkonzept zu entwickeln und sich den Forderungen des Lebens und den Provokationen seines Kontrahenten mit Vernunft zu stellen.

Hinweise Nach der Beantwortung von Aufgabe 2 kann es sinnvoll sein, noch einmal auf alle Erziehungsstile zurückzugreifen. Die Schüler könnten z. B. auf Phaëthons Worte *ede notam tanti generis meque assere caelo* (11) vier verschiedene Szenen formulieren und dem Plenum vortragen, wobei sie jeder Szene einen anderen Erziehungsstil zugrunde legen.

5 Vater und Sohn

Kontext

Phaëthon muss einen langen Weg gen Osten zurücklegen, bevor er sich dem prächtigen Sonnenpalast seines Vaters nähert (Met. 2,1–12). Seine Wanderung wird nicht beschrieben, sie bleibt der Phantasie des Lesers überlassen. Umso eindrucksvoller wirken dann Glanz und Schönheit des Palastes. Der Blick Phaëthons wandert offensichtlich von unten nach oben, wodurch die Erhabenheit des Palastes hervorgehoben wird:

> *Regia Solis erat sublimibus alta columnis*
> *clara micante auro flammasque imitante pyropo,*
> *cuius ebur nitidum fastigia summa tegebat,*
> *argenti bifores radiabant lumine valvae.* (Met. 2,1–4)

Die Wortwahl der Textpassage vermittelt ein eindrucksvolles Bild und gibt die vielfältigen Nuancen und Aspekte des Sonnenpalastes wieder: König, **Königsmacht** *(regia)* – **Höhe** *(sublimis, altus, columna, fastigium, summus)* – **Glanz** *(clarus, micare, flamma, nitidus, radiare, lumen)* – **Kostbarkeit** *(aurum, pyropus, ebur, argentum)*. Die Sonnenburg strahlt größtmöglichen Glanz aus und hat ein *fastigium* (3), das sonst nur Tempeln zukommt. Der Hinweis, dass sie hoch oben liegt, impliziert, dass sie nur durch einen überaus beschwerlichen Aufstieg zu erreichen ist. Auch die Gestaltung der beiden Türflügel, die Vulkan selbst geschaffen hat, ist beeindruckend. Die Abbildungen sind detailliert und kunstvoll gearbeitet und erinnern an die Waffen, die derselbe Gott auf Venus' Bitten für ihren Sohn Aeneas[1] geschmiedet und gestaltet hat. Ausführlicher beschrieben werden das Meer mit seinen Göttern und die Erde mit ihren Bewohnern. Der Himmel, der nur als solcher erwähnt wird, stülpt sich über Erde und Meer. Auf den Türflügeln erkennt man jeweils sechs Sternbilder.

Der Leser erhält keinerlei Auskunft darüber, ob Phaëthon von all dem beeindruckt oder gar geblendet ist. In seiner seelischen Not kann er die neuen Eindrücke nicht aufnehmen. Er strebt geradewegs zum Vater, bis ihn der Glanz, der von Sol ausgeht, am Weitergehen hindert – ein erster Hinweis auf die unüberbrückbare Distanz zwischen menschlicher und göttlicher Sphäre. Als Mensch muss Phaëthon stehenbleiben: *neque enim propiora ferebat lumina* (ab hier Verszählung Kap. 4).

Er sieht den Hofstaat des Sonnengottes, der sich um ihn herum gruppiert: allegorisch geformte Zeiteinheiten, die das Funktionieren von Leben allgemein und das Leben des Menschen speziell garantieren: Tag – Monat – Jahr – Jahrhundert (mit Progression der Dauer), besonders hervorgehoben die Stun-

---

1 Schildbeschreibung: Vergil, Aen. 8,625–731.

den, die alle Zeiteinheiten gleichmäßig gliedern, dazu die Jahreszeiten. Vom Glanz haben wir schon gehört; hier kommen noch alle Farben, die die Natur zu bieten hat, hinzu: bunt, d. h. grün, rot, violett, rosa, blau (*florente corona*, 9), goldgelb (*spicea serta*, 10), braun (*sordidus*, 11), hellgelb und rot (*uvis*, 11), weiß (*glacialis*, 12) und *grau* (*canos*, 12).

Der Vater bemerkt sofort die Nöte seines Sohnes (*paventem*, 13) und sucht das Gespräch.

Textgrundlage mit metrischer Analyse

Teil 1

Quō sĭmŭl ācclīvī Clўmĕnēĭă līmĭtĕ prōlēs
vēnĭt ĕt īntrāvīt dŭbĭtātī tēctă părēntĭs,
prōtĭnŭs ād pătrĭōs sŭă fērt vēstīgĭă vūltūs
cōnsīstĭtquĕ prŏcūl. Nĕqu(e) ĕnīm prŏpĭōră fĕrēbāt
5 lūmĭnă. Pūrpŭrĕā vēlātūs vēstĕ sĕdēbāt
īn sŏlĭō Phōebūs clārīs lūcēntĕ smărāgdīs.
Ā dēxtrā lāevāquĕ Dĭēs ēt Mēnsĭs ēt Ānnūs
Sāecŭlăqu(e) ēt pŏsĭtāe spătĭīs āequālĭbŭs Hōrāe.
Vērquĕ nŏvūm stābāt cīnctūm flōrēntĕ cŏrōnā.
10 Stābāt nūd(a) āestās ēt spīcĕă sērtă gĕrēbāt.
Stābăt ĕt Āutūmnūs cālcātīs sōrdĭdŭs ūvīs
ēt glăcĭālĭs Hĭēms cānōs hīrsūtă căpīllōs.
Īndĕ lŏcō mĕdĭūs rērūm nŏvĭtātĕ păvēntĕm
Sōl ŏcŭlīs iŭvĕnēm, quĭbŭs āspĭcĭt ōmnĭă, vīdĭt
15 »Quāe« quĕ »vĭāe tĭbĭ cāusă? Quĭd hāc« āit »ārcĕ pĕtīstī,
prōgĕnĭēs, Phăĕthōn, hāud īnfĭtĭāndă părēntī?«
Īllĕ rĕfērt: »Ō lūx īmmēnsī pūblĭcă mūndī,
Phōebĕ, pătēr, sī dās ūsūm mĭhĭ nōmĭnĭs hūiŭs
nēc fālsā Clўmĕnē cūlpām sŭb ĭmāgĭnĕ cēlăt,
20 pīgnŏră dā, gĕnĭtōr, pēr quāe tŭă vērā prŏpāgō
crēdăr! Ēt hūnc ănĭmīs ērrōrēm dētrăhĕ nōstrīs!«

Teil 2

Dīxĕrăt. Āt gĕnĭtōr cīrcŭm căpŭt ōmnĕ mĭcāntēs
dēpŏsŭĭt rădĭōs prŏpĭūsqu(e) āccēdĕrĕ iūssĭt.
Āmplēxūquĕ dătō: »Nēc tū mĕŭs ēssĕ nĕgārī
dīgnŭs ĕs. Ēt Clўmĕnē vērōs« ăit »ēdĭdĭt ōrtūs.
5 Quōquĕ mĭnūs dŭbĭtēs, quōdvīs pĕtĕ mūnŭs, ŭt īllŭd
mē trĭbŭēntĕ fĕrās. Prōmīssīs tēstĭs ădēstō
dīs iūrāndă pălūs ŏcŭlīs īncōgnĭtă nōstrīs.«
Vīx bĕnĕ dēsĭĕrāt, cūrrūs rŏgăt īllĕ pătērnōs
īnquĕ dĭ(em) ālĭpĕdūm iūs ēt mŏdĕrāmĕn ĕquōrŭm.
10 Pāenĭtŭĭt iūrāssĕ pătrēm. Quī tērquĕ quătērquĕ
cōncŭtĭēns īllūstrĕ căpŭt: »Tĕmĕrārĭă« dīxĭt
»vōx mĕă fāctă tŭă (e)st. Ŭtĭnām prōmīssă lĭcērĕt
nōn dărĕ! Cōnfĭtĕōr, sōlŭm tĭbĭ, nātĕ, nĕgārĕm.
Dīssuādĕrĕ lĭcēt: Nōn ēst tŭă tūtă vŏlūntās!
15 Māgnă pĕtīs, Phăĕthōn, ēt quae nēc vīrĭbŭs īstīs
mūnĕră cōnvĕnĭānt nēc tām pŭĕrīlĭbŭs ānnīs.
Sōrs tŭă mōrtālīs. Nōn ēst mōrtālĕ, quŏd ōptās.
Plūs ētĭām, quăm quŏd sŭpĕrīs cōntīngĕrĕ pōssĭt,
nēscĭŭs āffēctās. Plăcĕāt sĭbĭ quīsquĕ lĭcēbĭt,
20 nōn tămĕn īgnĭfĕrō quīsquăm cōnsīstĕr(e) ĭn āxĕ
mē vălĕt ēxcēptō. Vāstī quŏquĕ rēctŏr Ŏlŷmpī,
quī fĕră tērrĭbĭlī iăcŭlātūr fūlmĭnă dēxtrā,
nōn ăgĕt hōs cūrrūs. Ēt quĭd Iŏvĕ māiŭs hăbēmŭs?«

F1 **Gliederung**

Mögliches Tafelbild

Gliederung (Kap. 5, Teil 1 und Teil 2: Vater und Sohn)

Versabschnitt	Hauptaussage	Vorherrschende(s) Subjekt(e)
Teil 1		
1–5A	*Phaëthon kommt zum Sonnenpalast.*	*Clymeneia proles (= Phaëthon)*
5B–12	*Im Palast sind Phoebus und sein Hofstaat zu sehen.*	*Phoebus Dies, Mensis etc.*
13–16	*Sol begrüßt Phaëthon und fragt nach dem Grund seines Kommens.*	*Sol, außerdem Zäsur durch Konnektor inde*
17–21	*Phaëthon antwortet und bittet Sol um einen Beweis dafür, dass er sein Vater ist.*	*ille (Phaëthon)*
Teil 2		
1–7	*Phoebus nähert sich seinem Sohn und stellt ihm einen Wunsch frei.*	*genitor (Sol), außerdem Zäsur durch Konnektor at*
8–9	*Phaëthon spricht den Wunsch aus, den Sonnenwagen zu lenken.*	*ille (Phaëthon)*
10–23	*Der Vater reagiert mit Entsetzen und versucht, Phaëthon von seinem Vorhaben abzubringen.*	*qui (= Sol)*

F2 **Der Sonnengott und sein Hofstaat**

Dies, Mensis, Annus, Saecula, Horae, Ver, Aestas, Autumnus, Hiems (7–12)

F 3 Farben und ihre Wirkung

purpurrot: *purpurea … veste* (5) – dunkelgrün: *claris … smaragdis* (6) – hell-grün: *verque novum* (9) – hellbunte, zarte Pastelltöne des Frühlings: *florente corona* (9) – gelb: *spicea serta* (10) – dunkelrot: *uvis* (11) – braun (schmutzig, überreif): *calcatis sordidus uvis* (11) – weiß: *glacialis* (11) – grau: *canos* (12)

Ein Besucher des Sonnenpalastes wird vermutlich zunächst die Gesamtwirkung als strahlenden, bunten Glanz wahrnehmen. Dann wird er auch die einzelnen Farben bestaunen, besonders die Komplementärfarben rot – grün und die frühlingshaft zartbunten Farbmischungen, die durch *florente corona* angedeutet sind. Hinzu kommen der Erdton braun (Mischung aus rot und grün) und die Töne weiß, grau und gelb.

F 4 Himmlische Macht

Alle Angehörigen des Hofstaates sind allegorische Vorstellungen von Zeitabschnitten. Die Macht des Sonnengottes beruht auf der immer gleichmäßig ablaufenden Folge kleinerer und größerer Zeiteinheiten, ebenso auf der immer gleichen Abfolge der Jahreszeiten. Ohne Gesetzmäßigkeit könnten die Jahreszeiten keine Dynamik und Energie entwickeln, die Erde könnte nicht existieren, die Pflanzen nicht wachsen, Tiere und Menschen nicht gedeihen.

A 1 Frühling und Sommer in Text und Bild

Links: der Frühling (*Ver novum cinctum florente corona, 9*)
Rechts: der Sommer (*Stabat nuda Aestas et spicea serta gerebat, 10*)

Mögliches Tafelbild:

Text-Bild-Vergleich (Ovid, Kap. 5 und Arcimboldo, S. 26)

Gemeinsamkeiten	*Unterschiede*
– *allegorische Darstellung*	– *Ovid: Beschreibung der »Personen«*
– *symbolische Darstellung der*	*durch wenige Attribute; ästhetisch*
Lebensstufen des Menschen	*reduzierte Darstellung; Gruppe*
– *Wahl der Farben*	*stehender »Personen«; Nacktheit*
– *Frühling mit Blütenkranz*	*des Sommers*
– *Sommer mit Ährenkranz*	– *Arcimboldo: überladene und*
– *Statik des Erscheinungsbildes (kein*	*hässliche Gesichter; Brustbilder, von*
Reigentanz o. Ä. [z. B. bei Botticelli])	*der Seite betrachtet;*
	hochgeschlossenes Kleid des
	Sommers

F 5 **Erste Begegnung**

1. (Teil 1, 15–16): Vers 16 (*progenies, Phaëthon, haud infitianda parenti*) be-
antwortet die Fragen »Warum (*quae viae tibi causa?, 15*) und wozu kommst
du (*quid … petisti?, 15*)?«. Unterstützende Stilmittel: **Litotes** *haud infitianda*:
stärkste Form der Bejahung / **Alliteration** *p-* zur Betonung des verwandtschaft-
lichen Verhältnisses: *progenies – Phaëthon* / **Endstellung** / **Tonstelle** *parenti*

2. (Teil 1, 18B –21): Der Gliedsatz *si das usum mihi numinis huius* (18) *nec falsa
Clymene culpam sub imagine celat* (19) gibt Phaëthon Gewissheit über seine
Abstammung. Aber der Junge hört die Bestätigung nur nebenbei, wichtiger
ist ihm der zweiteilige Hauptsatz: *pignora da, per quae tua vera propago cre-
dar – errorem detrahe* (20 / 21). Die zusätzliche Absicherung durch ein Pfand
scheint ihm mehr am Herzen zu liegen als die reine Bestätigung. Denn das
Pfand ist für alle sichtbar. Damit kann Phaëthon der Gesellschaft zeigen, wer
er ist und was er vermag. Unterstützt wird diese Deutung durch eine Art
Alliteration bei den Sinnträgern der Aussage: *pignora …, per quae … propago*
(20). Der *si*-Satz enthält die Bestätigung, die Phaëthon aber nur als Voraussetzung für Absicherungswünsche nutzt. Diese werden durch die Imperative
der beiden folgenden Hauptsätze ausgedrückt.

3. (Teil 2, 3B–7): Die Klimax besteht aus folgenden Schritten:
Schritt 1: *nec tu meus esse negari dignus es* (3 / 4) → wiederholte, durch die
Litotes besonders hervorgehobene **Bestätigung**
Schritt 2: *quodvis pete munus* (5) → **absicherndes Versprechen**
Schritt 3: *promissis testis adesto dis iuranda palus* (6 / 7) → **unverbrüchlicher Eid**
Der Vater steht sofort zu seiner Vaterschaft; da sein Sohn absolute Sicherheit
einfordert, unterwirft er sich dessen Forderung ohne Wenn und Aber,
ohne Zögern und Nachdenken über Konsequenzen. Phoebus erscheint einerseits als nachgiebig, andererseits als ein Mann der Tat; er zögert nicht lange,
er handelt so, wie der Sohn es wünscht.

A2 **Eine Frage des (Erziehungs-)Stils**

Sol handelt als Vater nach dem permissiven Erziehungsstil – wie Clymene, die von ihrem Wesen her sanft und nachgiebig wirkt. Der Vater hingegen, der ja als Sonnengott Herrscher über Tag und Nacht ist und mit Kraft den Sonnenwagen lenkt, dürfte über einen willensstarken, unbeugsamen Charakter verfügen. Ovid sagt nichts darüber, weshalb sich Phoebus dem Jungen gegenüber so nachgiebig verhält. Möglicherweise sind seine Vatergefühle in dieser emotionalen Situation so stark, dass der Gott seine Rolle als mächtiger Lenker der Welt vergisst oder bewusst ablegt, um seinem Sohn besonders nahe zu sein und ihm Sicherheit zu geben. Er zeigt ihm zwar die Grenzen auf, die für einen (jungen) Menschen gelten, zieht aber keine Konsequenzen daraus und handelt trotz der Sorge um seinen Sohn nicht entsprechend.

A3 **Eine Nachricht – vier Botschaften**

Mögliches Tafelbild:

»Was du dir wünschst, ist gefährlich!« (Kap. 5)

	Phoebus (Sender)	Phaëthon (Empfänger)
Sachaspekt	Der Wunsch ist gefährlich.	Der Wunsch ist gefährlich.
Beziehungsaspekt	Ich bin der Ältere und weiß es besser!	Mein Vater bevormundet mich und behandelt mich wie ein kleines Kind.
Selbstoffenbarungsaspekt	Ich bin in großer Sorge und habe den Fehler begangen, dir jeden Wunsch zu erfüllen.	Mein Vater traut mir das nicht zu.
Appellaspekt	Tu das nicht!	Mein Vater will mir verbieten, den Sonnenwagen zu lenken.

A 4 **Selbsterkenntnis**

1. Die Aufforderung *Nosce te ipsum* bezieht sich einerseits auf die Erkenntnis, dass der Mensch ein begrenztes, unvollkommenes und sterbliches Wesen ist, andererseits ist sie eine Warnung vor menschlicher Ignoranz, Überheblichkeit und Anmaßung. Viele Werte, die in der weiteren Entwicklung der Philosophie für die Menschen postuliert wurden, gehen auf diesen Appell zurück, z. B. die Tugenden Bescheidenheit, Besonnenheit, Mäßigung, Selbstbeherrschung u. v. a.[1] In der heutigen Berufswelt ist jeder Mensch dazu aufgefordert, seinen Mann zu stehen und sich zu behaupten. Der moderne Alltag in Schule, Beruf und Freizeit ist geprägt von Begriffen wie Leistung, Erfolg, Fortschritt und materielle Sicherheit. Man ist stolz auf das, was man geschafft hat, und ist überzeugt, dadurch Beweise dafür geschaffen zu haben, dass diese Art des Denkens und Handelns richtig ist. Angesichts des rastlosen Handelns übersehen viele Menschen, dass alle Bemühungen und Tätigkeiten oft Ersatzhandlungen sind, die verhindern, die Motive des eigenen Handelns zu überprüfen. Oft gelangt der Mensch erst in einer Lebenskrise an einen Punkt, an dem er sich grundsätzliche Fragen stellt: Wer bin ich wirklich? Was will ich im Leben erreichen? Was ist der Sinn meines Lebens und des Lebens überhaupt? Wie kann ich ein erfülltes, glückliches Leben führen? In dieser Phase muss der Mensch Werte finden, die wahrhaftiges Menschsein ausmachen.

2. Phaëthon hätte schon bei seiner Annäherung an den Palast des Vaters erkennen können, dass er sich Zugang in eine Welt zu verschaffen sucht, die die menschliche Ebene übersteigt. Auch die Hinweise des Vaters waren nicht zielführend (vermutlich deshalb, weil Hören von möglichen Gefahren nicht mit dem eigenen Erfahren gleichgesetzt werden kann).

    An folgenden non-verbalen (Kopfschütteln) und sprachlichen Botschaften seines Vaters hätte Phaëthon die Unsinnigkeit seines Handelns erkennen können: *terque quaterque concutiens illustre caput* (10 / 11) – *temeraria vox mea facta tua est* (11) – *non est tua tuta voluntas* (14) – *magna petis* (15) – *et quae nec viribus istis munera conveniant nec tam puerilibus annis* (15 / 16) – *sors tua mortalis* (17) – *non est mortale, quod optas* (17) – *plus etiam, quam quod superis contingere possit, nescius affectas* (18 / 19).

---

1 Cicero spricht in Tusc. disp. V 10,11 sowie in Acad.libri 1,15 über Sokrates. Beide Textstellen können in zweisprachiger Ausgabe hinzugezogen werden, um den Schülern ein Gespür für die Wichtigkeit philosophischen Denkens zu vermitteln. Vor allem der Aspekt, dass Sokrates als erster Philosoph den Mensch in das Zentrum der Erkenntnis rückt, kann helfen, die für die damalige Zeit revolutionäre Bedeutung des Appells *Nosce te ipsum!* zu würdigen.

6 Verhängnisvoller Wunsch

Kontext

Sol hat jetzt nur noch das eine Ziel, Phaëthon von seinem unheilvollen Wunsch abzubringen. In dieser Absicht schildert er die Fahrt mit dem Sonnenwagen in äußerst düsteren Farben (Met. 2,63–87):

Zu Beginn der Fahrt – in den frühen Morgenstunden – ist die Bahn steil (*ardua prima via,* Met. 2,63) und wer um die Mittagszeit aus schwindelnder Höhe einen Blick nach unten wagt, ist schon verloren (*fit timor et pavida trepidat formidine pectus,* Met. 2,66). Genauso steil fällt die Bahn am Abend wieder ab (*ultima prona via est et eget moderamine certo,* Met. 2,67). Hinzu kommt, dass über den Tag hinweg die Fahrt durchgehend von Wirbeln erschwert wird, unter denen sich der Himmel ständig dreht (*assidua rapitur vertigine caelum,* Met. 2,70); dass er auch noch die Gestirne mit sich reißt, erhöht die Anforderungen an den Wagenlenker. Die schwerste Prüfung stellt aber die Begegnung mit den Sternbildern dar (Met. 2,79–83). Unvorstellbare Gefahren gehen für einen unerfahrenen Lenker von Stier, Schütze, Löwe und Skorpion aus, zumal der ungestüme und hitzige Charakter der Pferde, wenn sie den Gestirnen ausgesetzt sind, dann noch schwerer zu lenken ist.

Im Stillen gibt sich der Vater die Antwort: »Nein, das schafft der Junge niemals!« Sol ist sich bewusst, dass er Phaëthon mit rationalen Argumenten nicht überzeugen kann. Deshalb versucht er, ihm auf der emotionalen Ebene näher zu kommen (Met. 2,88–104 = Kap. 6,1–19): Er beschwört, bittet, verweist auf seine eigenen Ängste und Gefühle und rät ihm mit Nachdruck zu einem klügeren Verhalten, kurz: Er kämpft um einen Zugang zu seinem Sohn und damit um dessen Leben.

Sol beginnt diese Phase der Auseinandersetzung sofort mit einer beschwörenden Bitte, die das »Du« mit dem »Ich« verbindet. Er macht darauf aufmerksam, dass beide – Vater und Sohn – Schaden nehmen könnten:

»At tu, funesti ne sim tibi muneris auctor, nate, cave!« (1/2)

Textgrundlage mit metrischer Analyse

»Āt tū, fūnēstī nē sīm tĭbĭ mūnĕrĭs āuctŏr,
nātĕ, căvē! Dūm rēsquĕ sĭnīt, tŭă cōrrĭgĕ vōtă!
Scīlĭcĕt, ūt nōstrō gĕnĭtūm tē sānguĭnĕ crēdās,
pīgnŏră cērtă pĕtīs. Dō pīgnŏră cērtă tĭmēndō
5 ēt pătrĭō pătĕr ēssĕ mĕtū prŏbŏr. Āspĭcĕ vūltūs,
ēccĕ, mĕōs! Ŭtĭnāmqu(e) ŏcŭlōs īn pēctŏră pōssēs
īnsĕrĕr(e) ēt pătrĭās īntūs dēprēndĕre cūrās!
Dēnĭquĕ, quĭdquĭd hăbēt dīvēs, cīrcūmspĭcĕ, mūndŭs!
Ēquĕ tŏt āc tāntīs cāelī tērrāequĕ mărīsquĕ
10 pōscĕ bŏnīs ălĭquĭd! Nūllām pătĭĕrĕ rĕpūlsăm.
Dēprĕcŏr hōc ūnūm, quŏd vērō nōmĭne pōenă,   hoc aus hoc-ce
nōn hŏnŏr ēst. Pōenām, Phăĕthōn, prō mūnĕrĕ pōscĭs.
Quīd mĕă cōllă tĕnēs blāndīs, īgnārĕ, lăcērtīs?
Nē dŭbĭtā, dăbĭtūr (Stȳgĭās iūrāvĭmŭs ūndās),
15 quōdcūmqu(e) ōptārīs, sĕd tū săpĭēntĭŭs ōptā!«
Fīnĭĕrāt mŏnĭtūs. Dīctīs tămĕn īllĕ rĕpūgnăt
prōpŏsĭtūmquĕ prĕmīt flăgrātquĕ cŭpīdĭnĕ cūrrūs.
Ērgō, quā lĭcŭīt, gĕnĭtōr cūnctātŭs ăd āltōs
dēdūcĭt iŭvĕnēm, Vūlcānĭă mūnĕră, cūrrūs.

F1 Tu es nicht, mein Sohn!

Mögliches Tafelbild:

Lateinische Paränesen und deutsche Appelle (Kap. 6)

Lat. Mahnungen / Warnungen	*Kurze Appelle auf Deutsch*
1. *cave!* (2)	*Pass auf, was du tust!*
2. *corrige!* (2)	*Ändere dein Vorhaben!*
3. *aspice!* (5)	*Sieh mich an und erkenne meine Ängste!*
4. *circumspice!* (8)	*Blick dich doch um, schau dir die Schönheit der Welt an!*
5. *posce!* (10)	*Fordere etwas anderes!*
6. *ne dubita!* (14)	*Zweifle nicht an meiner Loyalität!*
7. *opta sapientius!* (15)	*Beweise Klugheit: Wünsche dir etwas Klügeres!* oder: *Wünsche auf klügere Weise!*

Wertung der Appelle: freier Schülerbeitrag

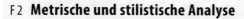

F2 Metrische und stilistische Analyse

Verse 1 und 2 Metrische Analyse s. o.
Drei lange Spondeen, oft in Kombination mit dunklen Vokalen, zeigen zu Beginn des ersten Verses den beschwörenden Versuch des Vaters, Phaëthon von seinem unheilvollen Vorhaben abzuhalten. *corrige* im fünften, gut hörbaren Metrum des zweiten Verses betont, wie dringlich Phoebus seine Aufforderung darstellt. Der Ausdruck *funesti* evoziert *funus, eris n.* (Leichenbegräbnis). Die Silbe *fu-* hat einen unheilvollen Klang. Die zwei Hyperbata *funesti … muneris* und *tua … vota* dramatisieren die Aussage. Beide Ausdrücke stehen antithetisch zueinander.

Verse 14 und 15 Metrische Analyse s. o.
Vor allem die drei Spondeen zu Beginn des 15. Verses, wieder in Kombination mit den dunklen Vokalen, sowie eine Aufmerksamkeit erregende Buchstabenfolge d-b-t *(dubita dabitur)* bereiten auf das wichtigste Argument vor: *sapientius!*: Setze deinen Verstand ein! *Sapientius* steht im fünften Metrum.

A2 Dilemma-Diskussion

A3 Bilder zu Phaëthons Fahrt mit dem Sonnenwagen

Freie Schülerbeiträge

F3 Der »Höllenritt«

Gruppe A

1. Paraphrase der Textpassage: Voller Freude und Dankbarkeit besteigt Phaëthon den Sonnenwagen. Die Meeresgöttin Tethys stößt die Schranken der Startbox auf, die Fahrt beginnt. Weil die Pferde aber nicht das gewohnte Gewicht des Sonnengottes fühlen und spüren, dass die Zügel anders geführt werden, nutzen sie ihre ungewohnte Freiheit: Sie verlassen die gewohnte Spur und rasen ohne Ordnung weiter. Das bereitet Phaëthon größte Ängste und er spürt, dass er das Pferdegespann nicht bändigen kann.

2. Wichtige Ausdrücke, an denen man erkennen kann, wie sich das Schicksal des Phaëthon schrittweise verändert: Er steigt auf den Wagen, steht darauf, freut sich und dankt dem Vater. Die Last ist zu leicht, die Pferde sind nicht mehr in der (richtigen) Ordnung, der junge Mann hat Angst, weiß weder ein noch aus, kann das Gespann nicht bändigen.

3. Vergleich und Funktion des Vergleichs:

Mögliches Tafelbild:

Vergleichspunkte (comparanda)

Wagen = Schiff
Phaëthon = Ballast, Schiffsladung
Wildheit der Pferde = Wellen des Meeres

Im Vergleich wird das Schwanken des Wagens mit dem Schwanken eines Schiffes gleichgesetzt. Was mit dem Sonnenwagen passiert, wird mit dem Bild unberechenbarer Schiffsbewegungen bei tobender See veranschaulicht. Ein Schiff ohne Ballast steigt mit den Wellen hoch und taucht beim Zurückgehen der Wogen in die Tiefe. Phaëthon ist zu leicht, als dass ihn die Pferde spüren könnten. Er wird davongetrieben und gleicht einem Schiff, dem das stabilisierende Gewicht fehlt. Selbst mit einem *gubernator* könnte der Sonnenwagen den Kurs nicht halten, sondern würde von den Wogen davongetrieben. Wie die Wogen ein Schiff über das Meer treiben, so treiben die Pferde in ihrer ungezügelten Leidenschaft den Wagen (und damit auch den Lenker Phaëthon) über die Erde.

Verlaufskurve = freier Schülerbeitrag

Gruppe B

1. Fünf Teile des Textes: Teil 1: Irritierte Reaktionen der Sternbilder / Teil 2: Phaëthons Angst, Ohnmacht und Reue / Teil 3: Seine Ratlosigkeit / Teil 4: Angst vor dem Stachel des Skorpions – Verlust der Zügel / Teil 5: Chaosfahrt

2. Phaëthons Empfindungen: Er ist unglücklich – erschreckt (bleich, zittrig) – reumütig – ratlos – hilflos – ängstlich – wie betäubt.

3.

Empfindung	Anlass
unglücklich und erschreckt	Blick in die Tiefe
reumütig	die ihn umgebende Finsternis
ratlos und hilflos	der Blick von oben auf die bereits zurückgelegte sowie auf die noch nicht zurückgelegte Strecke (Dilemma)
ängstlich	Wunderwesen und Bilder riesiger Tiere
wie betäubt	der schwarze Giftschweiß des Skorpions (bzw. der Giftschweiß des schwarzen Skorpions)

Gruppe C

1. Paraphrase: Die Erde wird an ihrem höchsten Punkt von Flammen ergriffen. Der Brand weitet sich immer weiter aus: von der wilden Natur zur bebauten Natur über Städte, Länder und Berge bis zum gesamten Erdkreis. Auch Phaëthon muss die Auswirkungen der Gluthitze am eigenen Leib erfahren.

2. Stufen der Klimax: Durch das Feuer kommt es zu Rissen und Spalten im Boden → zur Vertrocknung der Pflanzen → zum Untergang der Städte → der Länder → und der Berge und Gebirge → zum Brand des gesamten Erdkreises → zu pechschwarzem Dunkel.

3. Katalog der Berge: Osten: z. B. Kaukasus; Westen: z. B. Appennin; Norden: z. B. Haemus; Süden: – (weil das Mittelmeer keine Berge hat, die brennen können)

Funktion des Katalogs: Die sog. Kataloge gehören zum Handwerkszeug eines epischen Dichters. Hier verliert sich der Dichter im Detail – mit Absicht; zwei stilistische »Tricks« helfen ihm dabei: die Distributio[1] und die Enumeratio (Aufzählung). Je kleinschrittiger der Dichter den Begriff unterteilt, umso beeindruckender ist das, was er darstellen will, allein durch die Fülle. Man kann sagen: »Ich kaufe Lebensmittel ein« oder: »Ich kaufe Milch, Butter, Käse, Obst, Brot, Nudeln, Tomaten, Pilze usw.« Die zweite Aussage hört sich nach einem sehr großen Einkauf an, sie kann aber dasselbe bedeuten wie die erste Aussage. Der Katalog der Berge verdeutlicht das riesige Ausmaß des Brandes. Ein Katalog ist also ein dichterisches Mittel, Größe, Ausmaß und Bedeutung eines für die Handlung wesentlichen Elementes klar hervorzuheben. Der Leser / Hörer muss die Namen der Berge, geschweige denn deren Lage nicht unbedingt kennen.

Weitere Funktionen: Unbekannte Bezeichnungen ferner Länder rufen Staunen hervor. Ein Katalog hat außerdem eine retardierende Wirkung, die weitere Spannung aufbaut.

---

1 *distributio* (Aufteilung): Aufteilung eines Hauptbegriffs in Unterbegriffe. Unterart der *enumeratio*, dient zur Textunterteilung.

Gruppe D

1. Überschrift für die Textpassage: Folgen der Fahrt für Menschen, Gewässer und die Unterwelt

2. Brennpunkte des Geschehens: Äthiopien – Libyen – Böotien – Flüsse der Erde – Unterwelt – Meere – Meerestiere – Meeresgötter / *Aitiologien:* Entstehen der schwarzen Hautfarbe bei den Äthiopiern – Entstehen der Wüste Libyens – Versickerung der Nilquelle – Senkung des Meeresspiegels – Entstehung von Inseln

3. Katalog der Flüsse: Osten: Ganges; Westen: Tagus; Norden: Phasis; Südwesten: z. B. Orontes

Funktion des Katalogs: siehe entsprechende Aufgabe bei Gruppe C, bezogen auf Flüsse, Seen und Meere

7 Phaëthons Sturz

Kontext

Ter Neptunus aquis cum torvo bracchia vultu
exserere ausus erat, ter non tulit aëris ignes. (Met. 2,270–271)
Mit diesen Worten endet die Peripetie der Betroffenen. Dreimal hat Neptun
den Versuch unternommen, mit der Erde zu »kommunizieren«, dreimal ist
der Versuch wegen der übergroßen Hitze, die ihn verzehrt hätte, gescheitert.
Neptun kann der Göttin Tellus nicht mehr zu Hilfe eilen. Die Elemente sind
voneinander geschieden.

Nun rafft sich die Erdgöttin allein auf, Iuppiter um Hilfe für die Erhaltung
des dreigeteilten Kosmos zu bitten. Dass diese Bitte höflich und verbindlich
ausfallen würde, kann man angesichts der Lage nicht erwarten. »Womit habe
ich das verdient (*Si placet hoc meruique?*, Met. 2,279A)?« »Womit hat Neptun,
unser Bruder, diese Qual verdient (*quid undae, quid meruit frater?*,
Met. 2,290–291A)?« »Hast du bedacht, dass damit auch dein Ende besiegelt
ist? (*at caeli miserere tui!*, Met. 2,294A)«, schleudert sie ihm wütend entgegen
und beschließt ihre zornige Rede mit den Worten: »*Eripe flammis, si quid
adhuc superest, et rerum consule summae!*« (Met. 2,299B–300). Tellus fordert
von Iuppiter Solidarität für den ganzen Kosmos.

Wie verhält sich Iuppiter? Zunächst beruft er eine Vollversammlung ein –
so, als wenn er viel Zeit hätte und von der Entscheidung der Götterkollegen
abhängig wäre. Unter den Göttern befindet sich auch Sol, der Verursacher
der bedrohlichen Situation (*at pater omnipotens superos testatus et ipsum,
qui dederat currus*, Met. 2,304–305B), der aber für seinen Sohn keinen Finger
rührt.

Nicht den Rat der Götterkollegen will Iuppiter, sondern ihr Zeugnis dafür,
dass sein Eingreifen notwendig und unabdingbar ist. »Anderenfalls sinkt
alles wieder in das alte Chaos zurück!«, darauf hatte ja auch Tellus bereits
hingewiesen (*si freta, si terrae pereunt, si regia caeli, in chaos antiquum con-
fundimur!*, Met. 2,298–299A). Chaos (χάος, gr. Leere, leerer Weltenraum,
Zustand völliger Unordnung, Verb χαίνω, klaffen, gähnen) bedeutet: Es gibt
keinen (dreigeteilten) Kosmos mehr; und wo kein Kosmos ist, existieren auch
keine Götter. Chaos ist der Gegenbegriff zum Begriff Kosmos, der für die
Weltordnung oder das Universum steht.

Schließlich ist Iuppiter bereit zu handeln. Von der Götterburg kann er allerdings keinen Regen mehr schicken, weil ihm keine Regenwolken mehr zur
Verfügung stehen (Met. 2,309), er ist allein auf den Blitz angewiesen. Diesen
schleudert er schließlich unter Gedonner auf Phaëthon. Die Flamme des
Blitzes tötet den Sohn des Sonnengottes und »löscht« zugleich den Weltenbrand (*saevis compescuit ignibus ignes*, Met. 2,313).

Textgrundlage mit metrischer Analyse

Āt Phăĕthōn rŭtĭlōs flāmmā pŏpŭlāntĕ căpīllōs
vōlvĭtŭr īn prāecēps. Lōngōquĕ pĕr āĕrā trāctū
fērtŭr, ŭt īntĕrdūm dē cāelō stēllă sĕrēnō,
ētsī nōn cĕcĭdīt, pŏtŭīt cĕcĭdīssĕ vĭdērī.
5 Quēm prŏcŭl ā pătrĭā dīvērsō māxĭmŭs ōrbĕ
ēxcĭpĭt Ērĭdănūs fūmāntĭăqu(e) āblŭĭt ōră.
Nāidēs Hēspĕrĭae trĭfĭdā fūmāntĭā flāmmā
cōrpŏră dānt tŭmŭlō. Sīgnānt quŏquĕ cārmĭnĕ sāxŭm:
»Hīc sĭtŭs ēst Phăĕthōn, cūrrūs āurīgă pătērnī.
10 Quēm sī nōn tĕnŭīt, māgnīs tămĕn ēxcĭdīt āusīs.«
Nām pătĕr ōbdūctōs, lūctū mĭsĕrābĭlĭs āegrō,
cōndĭdĕrāt vūltūs. Ēt, sī mŏdŏ crēdĭmŭs, ūnŭm
īssĕ dĭēm sĭnĕ sōlĕ fĕrūnt. Īncēndĭā lūmĕn
prāebēbānt – ălĭquīsquĕ mălō fŭĭt ūsŭs ĭn īllō.
15 Āt Clўmĕnē, pōstquām dīxīt, quācūmquĕ fŭērūnt
īn tāntīs dīcēndā mălīs, lūgūbrĭs ēt āmēns
ēt lănĭātă sĭnūs tōtūm pērcēnsŭīt ōrbēm.
Ēxănĭmēsqu(e) ārtūs prīmō, mōx ōssă rĕquīrēns
rēppĕrĭt ōssă tămēn pĕrĕgrīnā cōndĭtă rīpā.
20 Īncŭbŭītquĕ lŏcō nōmēnqu(e) īn mārmŏrĕ lēctŭm
pērfūdĭt lăcrĭmīs ēt ăpērtō pēctŏrĕ fōvĭt.

F1 **Gliederung**

Mögliches Tafelbild:

Gliederung (Kap. 7)

1–10: Sturz des Phaëthon
11–14: Trauer des Vaters
15–21: Trauer und rastlose Suche der Mutter

A1 **Phaëthons Sturz in der Kunst**

1. und 3. Freie Schülerbeiträge. Im Unterricht ist auch eine arbeitsteilige
Differenzierung möglich. So kann man die Schüler z. B. ein Bild auswählen
lassen, das sie analysieren möchten.
2. Grundlage für die Bildbetrachtung sind: S. 36: Peter Paul Rubens – S. 37:
Hendrick Goltzius – S. 39: Ke-Hsin Jenny Chi

	Rubens	Goltzius	Jenny Chi
Bildinhalt	Sturz eines Menschen, eines Wagens und einiger Pferde – Phaëthon in der Mitte – unten brennende Uferzonen	ein fallender Mensch – im Hintergrund stürzende Pferde – unten brennende Landschaften	zur Hälfte zugedeckter Jüngling – auf kaltem Steinboden liegend
Figuren, Umgebung, Farbgestaltung u. a.	Mensch und Tiere als kräftige Gestalten, in verrenkter, unnatürlicher Körperhaltung – wildes Chaos – intensive Farben: Rottöne, Farben des Rauches, der sich über die brennenden Bereiche legt – Lichteinfall von oben rechts	im Fokus ein kraftvoller Mann, der in die Tiefe fällt – stürzende Pferde und die brennende Erde bilden einen eher zarten Hintergrund – Körper durch Abschattierungen der Farbe Schwarz plastisch dargestellt – Lichteinfall von unten	einzelner, halb bedeckter Mensch, ruhig bzw. entspannt auf dem Boden liegend, einem Schlafenden ähnlich – überwiegend goldbraune und goldgelbe, also warme Töne als Widerschein des verzehrenden Feuers – Boden in kaltem Grau und Blaugrau.
Bildaussage	Moment»aufnahme« des Höhepunkts der Katastrophe	Katastrophe reduziert auf den Verursacher	Kontrast der Aussagen: Ruhe und Frieden im Tod ↔ Einsamkeit im Tod
Stimmung	düster, chaotisch, befremdlich, dynamisch	bedrohlich, traumatisch (»Absturz ins Bodenlose«), dynamisch	friedlich, entspannt, ruhig, eher statisch

F2 **Letzte Worte**

- Breitenbach: Der Übersetzer verwendet ein dichterisches, gehobenes Vokabular: *allhier, den Wagen regieren, meistern;* er benutzt die Metapher »regieren«, er bietet eine gebundene Übersetzung (zwei Hexameter). Tonfall: feierlich.
- Nooteboom: Der Übersetzer bildet vier knappe Hauptsätze. Tonfall: berichtend, neutral.

Phaëthon wird auf der Grabinschrift positiv bewertet. Auch heute noch sind dieser so tiefschichtige Mythos und der Name Phaëthon Inbegriff und Sinnbild, ja sogar Synonym für einen Forscherdrang, der bis zur Eroberung und Beherrschung des Weltalls strebt.

F3 **Trauer um Phaëthon**

Clymene und Sol trauern auf sehr unterschiedliche Weise:
- Sol zieht sich in sich zurück. Er vernachlässigt seine Aufgaben und versagt damit der Welt seinen Dienst (*nam pater obductos, luctu miserabilis aegro, condiderat vultus … unum isse diem sine sole ferunt,* 11–13A). An der Seele schwerkrank (*luctu miserabilis aegro,* 11) hadert er mit sich und der Welt. Er ist ein gebrochener und hilfloser Mann.
- Anders Clymene: Sie ist wie von Sinnen (*amens,* 16), fasst ihre Trauer in zahllose Worte (*dixit, quaecumque fuerunt in tantis dicenda malis,* 15/16A) und schlägt wild auf ihre Brust (*laniata sinus,* 17). Doch trotz ihrer übergroßen Trauer versucht sie, ihrem Sohn den letzten Liebesdienst eines Begräbnisses zu erweisen, und durchwandert rastlos den ganzen Erdkreis (*totum percensuit orbem,* 17). Als sie seine Überreste schließlich gefunden hat, bricht sie zusammen.

In dieser Textpassage sind Grundmuster von Trauer bzw. von Trauerphasen dargestellt. Psychotherapeuten wie z. B. John Bowlby, Yorick Spiegel, Virginia Klein (*»feelings are healings«*) und Elisabeth Kübler-Ross[1] unterscheiden mehrere Phasen der Trauer: Betäubung, Nicht-Wahrhaben-Wollen, Rückzug aus der Gesellschaft – Aufbrechen von Emotionen, Auflehnung, Verzweiflung – Schuldgefühle, Selbstaggression – Loslassen, neue Selbstbewertung – Auflösung der Trauer, (modifizierte) Wiederteilhabe am Alltag. Vor diesem Hintergrund kann die unterschiedliche Trauerarbeit der Eltern so gedeutet werden, dass Sol sich noch auf der ersten Trauerstufe befindet, während Clymene

---

1 Die einzelnen Wissenschaftlicher differenzieren die Trauerphasen jeweils in unterschiedlicher Weise und benennen sie mit leicht modifizierten Begriffen.

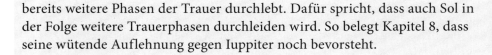
bereits weitere Phasen der Trauer durchlebt. Dafür spricht, dass auch Sol in der Folge weitere Trauerphasen durchleiden wird. So belegt Kapitel 8, dass seine wütende Auflehnung gegen Iuppiter noch bevorsteht.

A2 Facetten der Trauer

freier Schülerbeitrag

F4 Der Tod verändert das Leben

1. Sol zeigte sich am Anfang als strahlender, machtvoller Gott (Kap. 5, Teil 1,4–6), der durchaus mit Empathie für die Belange seines Sohnes ausgestattet ist (Kap. 5, Teil 1,13–16); am Ende ist er eine elende, leidende Gestalt, ohne Glanz, ohne Bezug zur Umwelt, in sich versunken, im seelischen Exil (Kap. 7,11–12A).
2. Clymene war zu Beginn eine nachgiebige, warmherzige, wenn auch unsichere Frau und Mutter (Kap. 4,15–25). In ihrer unendlichen Trauer ist sie aber aktiver als Sol, zieht sie doch auf der Suche nach dem Sohn durch die ganze Welt. Dennoch hat auch sie ihr früheres Wesen verloren, ihre Sanftmut ist verschwunden und in eine selbstzerstörerische Trauer umgeschlagen (Kap. 7,15–21).

A3 Nachdenkliches

Sentenz der drei klugen Wege (Konfuzius[1])

Nachdenken erfordert intellektuelle Selbständigkeit. Der junge Phaëthon hätte im Streit mit Epaphus anders reagiert, wenn ihm nicht der Zorn über seine vermeintliche Schmach und sein jugendliches Ungestüm den Zugang zu klaren Gedanken verstellt hätten. Nachdenken wäre ein Mittel gewesen, die Bitten des Sonnengottes, ein anderes Pfand zu wählen, mit offenen Ohren zu hören und ernst zu nehmen. Nachdenken hätte letztlich bedeutet, das *Nosce te ipsum!* für sich zu entdecken und erwachsen zu werden, d. h. die Verantwortung für das eigene Handeln zu übernehmen und seine Grenzen zu erkennen und anzuerkennen.

Nachahmung benötigt ein Vorbild, dem man, sei es aus rationalen oder aus emotionalen Gründen, nacheifern will. Phaëthon reduziert den Vater nur auf die Person, die ihm einen höheren Status als den des Epaphus verschaffen

---

1 Konfuzius (551 v. Chr. – 478 v. Chr.), chinesischer Philosoph, lehrte, dass Gleichmut Grundlage für einen moralisch handelnden Menschen sei.

kann. Deshalb will er nur die göttliche Tätigkeit seines Vaters nachahmen. Richtig wäre aber gewesen, in Sol den väterlichen, wohlmeinenden Freund zu erkennen, der ihn zur Vernunft und Besonnenheit auffordert. Ein besseres Vorbild zur Nachahmung hätte sich Phaëthon nicht wünschen können. Ohne Zweifel hätte er dann für sich dem Menschen angemessene Handlungsmuster entdecken können. Sich an falschen Vorbildern wie Epaphus zu orientieren, sich an ihnen zu messen und sie nachahmen und übertreffen zu wollen: das war Phaëthons Irrweg!

Erfahrung bedeutet in diesem Kontext Erkenntnis ohne vorherige Lernprozesse. Phaëthon machte tatsächlich die bitterste Erfahrung, die ein Mensch überhaupt machen kann: Er musste erfahren, dass er sich als junger und ausschließlich emotional agierender Mensch zu viel zutraute, daran scheiterte und mit seinem Leben büßen musste. Für ihn löst auch die Erfüllung seines Wunsches nicht das Trauma des *pater dubitatus* – fast ein Leitmotiv, das sich durch alle Teile der Tragödie zieht.

Gedicht (Erich Fried[2])

Der **erste** und der **letzte** Vers ergeben den Rahmen des Gedichts (= Hauptsatz des Gedichts): Ein Hund ist ein Mensch. Oder in umgekehrter Reihenfolge: Ein Mensch unterscheidet sich nicht vom Hund. Warum ist das so? Beide Lebewesen unterliegen denselben Bedingungen des Lebenszyklus von Geborenwerden, Leben und Sterben. Lediglich das Bewusstsein der Sterblichkeit unterscheidet den Mensch vom Tier. Der Streit mit Epaphus macht Phaëthon seine Sterblichkeit (im Unterschied zu göttlicher Abstammung seines Kontrahenten) bewusst.

Phaëthon ist elend wie ein »Straßenköter« gestorben – auch diese Interpretation könnte man dem Gedicht entnehmen, wobei der Autor wohl eher über den Menschen im Allgemeinen nachdenkt und nicht über einen Menschen, der jedes Maß verloren hat und deshalb elend umkommt.

---

1 Erich Fried (1921–1988), österreichischer Dichter, Vertreter der politischen Lyrik.

8 Verlust und Trauer

Kontext

Nicht nur die Eltern trauern um Phaëthon, auch die Schwestern sind vom Tod ihres Bruders tief getroffen. Ihre Verzweiflung äußert sich in Tränen, in Klagen und Selbstaggression. Beständig rufen sie seinen Namen.

> *Nec minus Heliades lugent et inania morti*
> *munera dant lacrimas et caesae pectora palmis*
> *non auditurum miseras Phaëthonta querelas*
> *nocte dieque vocant adsternunturque sepulcro.* (Met. 2,340–343)

Der Komparativ *nec minus* bezieht sich auf Clymenes Trauer. Die Töchter trauern wie die Mutter; aber ihre Mittel der Trauer (*lacrimas, caesae pectora palmis, miseras querelas,* Met. 2,341–342) werden als *inania munera,* als für den Bruder nutz- und sinnlose Geschenke, bezeichnet, weil alle, selbst besonders intensive Aktionsformen von Trauer nichts mehr bewirken können. Wie die Schwestern an das Grab des Bruders gelangt sind, erzählt der Dichter nicht. Dafür berichtet er über das Ausmaß ihrer Trauer, bei der sie eine viermonatige Trauerwache gehalten haben sollen. Man kann sich leicht vorstellen, dass sich in eine so intensive und lang anhaltende Trauer gewisse immer wiederkehrende Elemente eingeschlichen haben (*nam morem fecerat usus,* Met. 2,345). Man fühlt sich an die (quasi professionellen) Klageweiber beim Begräbnis ägyptischer Pharaonen erinnert.

Plötzlich bemerkt die Älteste der Schwestern, dass ihre Füße erstarren (*deriguisse pedes,* Met. 2,348). Nach und nach verwandeln sich die jungen Frauen in Bäume. Erst jetzt, kurz bevor sie bzw. während sie ihre menschliche Gestalt verlieren, bekommen zwei von ihnen durch Nennung ihrer Namen eine reale Identität: Phaëthusa und Lampetie (Met. 2,346 u. 349). Zurück bleibt eine noch unglücklichere Mutter. Sie darf weder Zweige abreißen, um nicht die »Baumwerdung« aufzuhalten (*parce, precor: nostrum laceratur in arbore corpus,* Met. 3,362), noch kann sie alle drei umarmen und ihnen nahe sein; zu weit stehen ihre Töchter voneinander entfernt. Die Tränen der Mädchen dringen als Bernsteine durch die Rinde.

Sol verharrt unterdessen noch immer in tiefer Trauer.

Textgrundlage mit metrischer Analyse

Squālĭdŭs īntĕrĕā gĕnĭtōr Phăĕthōntĭs ĕt ēxpērs
īpsĕ sŭī dĕcŏrīs, quālīs, cūm dēfĭcĭt ōrbĕm,
ēssĕ sŏlēt. Lūcēmqu(e) ōdĭt sēqu(e) ipsĕ dĭēmquĕ.
Dātqu(e) ănĭm(um) īn lūctūs ēt lūctĭbŭs ādĭcĭt īrăm.
5 Ōffĭcĭūmquĕ nĕgăt mūndō. »Sătĭs« īnquĭt » ăb āevī
sōrs mĕă prīncĭpĭīs fŭĭt īrrĕquĭētă. Pĭgētquĕ
āctōrŭm sĭnĕ fīnĕ mĭhī, sĭn(e) hŏnōrĕ lăbōrŭm.
Quīlĭbĕt āltĕr ăgāt pōrtāntēs lūmĭnă cūrrūs!
Sī nēmō (e)st ōmnēsquĕ dĕī nōn pōssĕ fătēntŭr,
10 īps(e) ăgăt, ūt sāltēm, dūm nōstrās tēmptăt hăbēnās,
ōrbātūră pătrēs ălĭquāndō fūlmĭnă pōnăt.
Tūm scĭĕt, īgnĭpĕdūm vīrēs ēxpērtŭs ĕquōrŭm,
nōn mĕrŭīssĕ nĕcēm, quī nōn bĕnĕ rēxĕrĭt īllōs.«
Tālĭă dīcēntēm cīrcūmstānt ōmnĭă Sōlēm
15 nūmĭnă. Nēvĕ vĕlīt tĕnĕbrās īndūcĕrĕ rēbŭs,
sūpplĭcĕ vōcĕ rŏgānt. Mīssōs quŏquĕ Iūppĭtĕr īgnēs
ēxcūsāt prĕcĭbūsquĕ mĭnās rēgālĭtĕr āddĭt.
Cōllĭgĭt āmēntēs ĕt ădhūc tērrōrĕ păvēntēs
Phōebŭs ĕquōs stĭmŭlōquĕ dŏlēns ĕt vērbĕrĕ sāevĭt.
20 Sāevĭt ĕnīm nātūmqu(e) ōbiēctăt ĕt īmpŭtăt īllīs.

F1 **Abrechnung!**

Mögliches Tafelbild:

Endabrechnung (Kap. 8)

Verluste	*„Gewinne"*
Freude an seiner Existenz und an seinen Aufgaben: squalidus (1), officium negat (5), pigetque actorum sine fine mihi, sine honore laborum (7)	*Selbsthass: lucemque odit seque ipse diemque (3)*
Glanz, Ehre: expers sui decoris (1/2)	*Trauer: datque animum in luctus (4)*
Sohn: non meruisse necem, qui non bene rexerit illos (13)	*Wut: luctibus adicit iram (4)*
	Jähzorn: equos stimuloque dolens et verbere saevit. saevit enim (19/20)
	Ungerechtigkeit: natumque obiectat et imputat illis (20)

In schmutziger Trauerkleidung *(squalidus)* und ohne den Glanz, der für seine Identität so wichtig ist, ist Sol nicht mehr der strahlende Sonnengott. Der Zustand seiner Psyche ist ebenso dunkel wie die Welt bei einer Sonnenfinsternis. Folgerichtig hasst er das Tageslicht *(lucemque odit ... diemque)* und damit sich selbst, denn er ist das Tageslicht. Nun tritt er in die nächste Trauerphase ein: Er zürnt heftig *(luctibus adicit iram)*, er sucht einen Schuldigen. Und man sollte ergänzen: Solange er diesen nicht gefunden hat, so lange wird er nach Rache dürsten und der Welt den Dienst verweigern. Zur Wut gesellen sich Jähzorn und Ungerechtigkeit, denn er geißelt auf brutale Weise seine schuldlosen Pferde – und meint damit Iuppiter oder sich selbst.

Manche Schüler werden den ganzen Text in ihre Gewinn- und Verlustrechnung einbeziehen wollen – ein Beweis dafür, dass sie ihn verstanden haben: Eine emotionalere Textstelle als diese kann es nicht geben.

Was hat Sol verloren? Seine Ehre, seinen Glanz und seinen Sohn. Was steht auf der »Habenseite« der Bilanz? Tiefe Depressionen bis hin zur Selbstzerstörung, Selbsthass, Wut, ungerechtes Verhalten.

F2 **Metrische Analyse**

Mögliches Tafelbild:

> *Metrische Analyse (Kap. 8, V. 3–5A)*
>
> *Lūcēmqu(e) ōdīt sēqu(e) īpsĕ dĭēmquĕ. (3 Spondeen, u-/o-Laut, Hendiadyoin)*
> *Dātqu(e) ănĭm(um) īn lūctūs ēt lūctĭbŭs ādĭcĭt īrăm. (2 Spondeen, u-Laute, Traductio)*
> *ŏffĭcĭumquĕ nĕgāt mūndō.*

Zahlreiche Spondeen in Kombination mit dunklen Lauten machen Sols Hass auf sich selbst *(lucem)* hörbar, wobei das »Selbst« vierfach variiert und damit äußerst stark hervorgehoben wird: *lucem – se – ipse – diem*. Sol kapituliert vor den Trauergefühlen, gibt sich ihnen ganz hin. Doch er fügt – als wäre das nicht schon genug – noch Zorn hinzu. Durch die Traductio (Doppelung eines Wortes in anderer Form: *in luctus et luctibus*) gewinnt der Leser einen Eindruck davon, wie beide Gefühle, Trauer und Zorn, in einem Crescendo furioso zu einer hochexplosiven Gemütslage anschwellen.

In übergroßer Enttäuschung und fast kindlichem Trotz will Sol »alles hinschmeißen«. Die Existenz der Welt ist in höchstem Maß gefährdet.

F 3 **Eine Textpassage – viele Interpretationen**

Eine affektgeladenere Rede als diese kann man sich nicht vorstellen. Ärger, Trotz, verletzter Stolz, verletzte Eitelkeit, Gekränktsein, Aggressivität und Wut finden sich in jedem Vers wieder.

Sols Trotz erkennt man am Ausdruck *satis* (5), zusammen mit seinem Ärger und Widerwillen *piget* (6): Sein Schicksal bestehe darin, tagein, tagaus (*sine fine,* 7) denselben Dienst für die Welt zu tun. Dieser Pflicht sei er von Anbeginn an nachgekommen, obwohl er dafür niemals Ehre oder Dankbarkeit erhalten habe (*sine honore,* 7).

Besonders auffallend gestaltet ist Vers 7:

actorum <u>sine fine</u> $\boxed{mihi}$, <u>sine</u> honore **laborum** (7)

Durch Hyperbaton und Anapher bekommt *mihi* eine betonte Mittelstellung. In der Wortstellung wird der Inhalt abgebildet: Ich bin umstellt von endlosen und nicht wertgeschätzten Mühen *(actorum … laborum).*

Dann wütet Sol gegen die Götter und besonders gegen Iuppiter: *quilibet alter agat …currus!/ipse agat!* (8, 10). In trotziger Ironie stellt er fest: Wenn alle Götter eingestehen müssen, dass sie unfähig sind, den Wagen zu lenken, dann soll doch der »Boss« selbst die Zügel in die Hand nehmen! Blitze, die Eltern ihrer Kinder berauben, könne er dann wenigstens (*saltem,* 10) nicht mehr schleudern! Die gesamte Textstelle (8–11) enthält versteckte Beziehungsbotschaften: »Ich halte dich, Iuppiter, für einen Schwächling!« oder »Die Welt lenke in Wirklichkeit ich, nicht du!« oder »Ich arbeite rastlos, was tust du?« Nimmt man den Ausdruck *orbatura patres … fulmina* (Blitze, die in der Lage sind, Väter kinderlos zu machen, 11) hinzu, verändern sich die Botschaften: »Ich halte dich bzw. deine Machtausübung für ungerecht!« oder »Du beschädigst Väter wie mich! Du machst vor nichts halt!«

In den Folgeversen 12 und 13 gesellt sich zu Trotz und Aggression auch böse Ironie: *ignipedum vires expertus equorum, non meruisse necem, qui non bene rexerit illos.* Ohne Namensnennung werden Iuppiter und Phaëthon einander gegenübergestellt: Iuppiter, der *expertus* (durch die Ironie eigentlich *non expertus*) ist, steht im Gegensatz zu Phaëthon, der *non bene rexerit* (ohne Ironie).

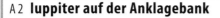

A 2 Iuppiter auf der Anklagebank

Iuppiter könnte sich entschuldigen für:
den Tod des Phaëthon – das von ihm verursachte Leid des Sol – die Nicht-
anerkennung der ewigen Leistung des Sol – sein spätes Eingreifen – die feh-
lende Kommunikation zwischen den Göttern im Allgemeinen und speziell
zwischen den Geschwistern Tellus, Sol, Iuppiter – seine Passivität bzw. den
Verzicht auf eine eventuelle Einflussnahme auf Epaphus (»Entschuldige dich,
Junge!«)
– u. a.
Argumente für die Unschuld Iuppiters: freier Schülerbeitrag

A 3 And the winner is …

freier Schülerbeitrag

Gesamtinterpretation als Lerntheke

M 1* Lichterglanz

Bei dem folgenden Sachfeld beziehen sich alle Angaben auf die Schülerausgabe.

Namen: *Phaëthon – Phoebus – Sol* / Glanz, Licht: *lumen – lux – lucere –
radius – coruscus – iubar – sol – clarus – micare – illustris – stella – de-
cus* / Feuer: *taeda – ignis – ignifer – fulmen – flagrare – rutilus – flamma –
ignipes – incendium*

Kp.	Ausdrücke	Bedeutung
4	*taedasque sororum* (13)	Glück bringende Hochzeits-fackeln
	lumina solis (17)	Sonnenlicht
	*per **iubar**, **radiis** insigne **coruscis*** (18)	übergroßer Glanz des Sonnenlichts
	***lux** ista novissima* (22)	Licht = Leben / Lebenslicht des Menschen

Kp.	Ausdrücke	Bedeutung
5/1	*neque ... propiora ferebat **lumina*** (4 / 5)	Augen
	*in solio ... claris **lucente** smaragdis* (6)	Glanz des Throns (Synekdoche: Glanz des Gottes)
	*o **lux** immensi publica mundi* (17)	Licht = Sonnengott (Anrede)
5/2	*circum caput ... **micantes** ... radios* (1 / 2)	Glanz des Sonnengottes
	*concutiens **illustre** caput* (11)	Attribut für den Sonnengott
	***ignifero** ... in axe* (20)	Attribut zur Bezeichnung der Wirkung des Sonnenwagens
	*qui ... iaculatur **fulmina*** (22)	Iuppiters Blitze
6	*[Phaëthon] **flagrat** cupidine* (17)	vor Leidenschaft brennen
7	*rutilos **flamma** populante capillos* (1)	rötliche Farbe des Feuers
	*de caelo **stella** sereno* (3)	Komet
	*sine **sole*** (13)	Sonnenlicht = Tageslicht
	***incendia lumen** praebebant* (13 / 14)	Licht und Helligkeit durch Brände
8	*expers ipse sui **decoris*** (1 / 2)	Glanz des Ansehens
	***lucem**que odit ... diemque* (2)	Tageslicht
	*portantes **lumina** currus* (8)	Tageslicht
	*aliquando **fulmina** ponat* (11)	Iuppiters Blitze
	***ignipedum** vires ... equorum* (12)	Metonymie: feuerfüßig *statt* Feuer bringend
	*missos **ignes** excusat* (16 / 17)	Feuer = Iuppiters Blitze
	Phaëthon	(von *griech.* scheinen): der Strahlende
	Phoebus	(von *griech.* phos: Licht): der Leuchtende

Auffallend: Mehrfachbedeutung von
lumen: Sonnenlicht – Augen des Menschen – Helligkeit, Tageslicht
lux: Menschenleben – Tageslicht – Sonnengott

M 2**Wertequadrat

Um einen Kommunikationsweg für Phaëthon und Sol zu schaffen, muss man für beide Personen jeweils ein Wertequadrat konstruieren. Informationen dazu, welches Charaktermerkmal den Vater, welches den Sohn auszeichnet, müssen aus dem Text gewonnen werden. Auf die Fragen an den Text kann es verschiedene Antworten geben, deshalb soll hier nur jeweils eines von mehreren möglichen Merkmalen analysiert werden.

Mögliches Tafelbild:

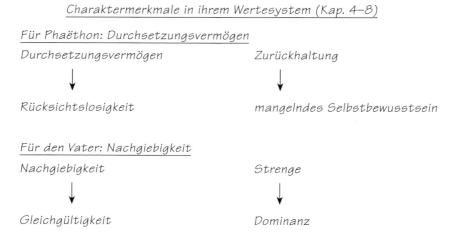

Charaktermerkmale in ihrem Wertesystem (Kap. 4–8)

Für Phaëthon: Durchsetzungsvermögen

Durchsetzungsvermögen   Zurückhaltung

↓   ↓

Rücksichtslosigkeit   mangelndes Selbstbewusstsein

Für den Vater: Nachgiebigkeit

Nachgiebigkeit   Strenge

↓   ↓

Gleichgültigkeit   Dominanz

Wenn Phaëthon bei ehrlicher Reflexion erkannt hätte, dass Durchsetzungsvermögen ohne ausgleichende Zurückhaltung zur Rücksichtslosigkeit führt, wäre es ihm nicht schwergefallen, dem Vater nachzugeben. Er hätte einsehen müssen, dass der Wunsch eines Menschen, eine göttliche Tat zu vollbringen, mit Unheil einhergeht.

Wenn Sol ebenso ehrlich mit sich ins Gericht gegangen wäre, hätte er einsehen müssen, dass seine Nachgiebigkeit als Gleichgültigkeit verstanden werden kann; dies hätte er sicher nicht gewollt. Ein strenges Wort zur rechten Zeit zeigt dem anderen klar die Grenzen der Nachgiebigkeit. Für die Kommunikation können sowohl Gleichgültigkeit als auch Dominanz schwerwiegende oder gar tödliche Folgen haben.

Eventuell hätte mit diesem Modell der Konflikt zwischen Vater und Sohn gelöst werden können. Der Dialog zwischen Sohn und Vater hätte folgendermaßen verlaufen können:

Phaëthon: »Vater, gib mir den Sonnenwagen, dann weiß ich, dass du mein Vater bist und mich liebst.«

Sol: »Junge, das kann ich nicht. Mit deinem Wunsch hast du eine Grenze überschritten. Hier muss ich sagen: Stopp! Such dir etwas anderes aus!«

Phaëthon: »Ich bin dir also gleichgültig?«

Sol: »Nein, das bist du nicht! Gerade weil ich dich liebe, muss ich dir das verbieten. Ich will dich nicht verlieren.«

Phaëthon: »Dann hat Epaphus doch recht: Du willst mir nicht helfen. Du willst der Welt nicht sagen, dass du mein Vater bist.«

Sol: »Ich will nicht, dass mein Sohn sich gegen alle Vernunft mit Ellenbogen durchzusetzen versucht. Du bist mein Sohn, das kann ich jedem sagen, auch Epaphus … Lass uns zu ihm gehen!«

M3* **Nomen est omen?**

Freier Schülerbeitrag

M4** **Verantwortung**

Mögliches Tafelbild:

Aspekte der Verantwortung (Kap. 4–8)

	Clymene	*Sol*
Schuld der Eltern und Folgen ihres Verhaltens	*verstärkt Phaëthons Wunsch nach einem Identitätsnachweis*	*macht seinem Sohn zu weit reichende Zugeständnisse*
	lässt ihren Sohn allein	*bindet sich unnötigerweise durch einen verhängnisvollen Eid*
	gibt Phaëthon keine Hilfestellung	*macht das unglückliche Ende des Sohnes erst möglich bzw. unausweichlich*
Moralische Werte und Pflichten, die verletzt wurden	*verletzt die Pflicht, den Sohn zu einem verantwortungs-bewussten Menschen zu erziehen*	*vermischt Grenzen zwischen menschlichem und göttlichem Bereich*
Instanz, vor der sie sich verantworten müssen	*Gewissen*	*Gewissen*

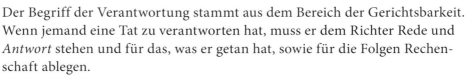

Der Begriff der Verantwortung stammt aus dem Bereich der Gerichtsbarkeit. Wenn jemand eine Tat zu verantworten hat, muss er dem Richter Rede und *Antwort* stehen und für das, was er getan hat, sowie für die Folgen Rechenschaft ablegen.

Clymene und Sol müssen sich nicht vor einem Richter, sondern vor ihrem Gewissen verantworten, denn ihre »Taten« sind nicht justiziabel, sondern liegen auf einer moralischen Ebene.

Clymene vernachlässigt ihre Pflicht zu einer moralischen Erziehung des Sohnes. Denn sie unternimmt keinen Versuch, ihren Sohn dahingehend zu beeinflussen, dass er sich selbst nicht zu wichtig nimmt (Erziehung zur Bescheidenheit). Umgekehrt versäumt sie es aber auch, Phaëthon genug Selbstvertrauen und ein gesundes Selbstwertgefühl zu vermitteln, das nicht vom Status in der Gesellschaft und nicht von der Bestätigung anderer Menschen abhängig ist (Erziehung zu einem selbstbewussten und mündigen Menschen). Ihr Gewissen spricht sie für die Fehlentwicklung ihres Sohnes schuldig.

Dadurch, dass der Sonnengott bereit ist, seinem Sohn alle Wünsche zu erfüllen, anstatt ihm die von den Göttern vorgegebenen Grenzen aufzuzeigen, vernachlässigt er ebenfalls seine Pflicht, die er übrigens auch gegenüber jedem anderen Menschen hätte. Erschwerend kommt hinzu, dass Phoebus sich durch einen unnötigen Eid bindet, der eine Umkehr und eine Korrektur seines Fehlverhaltens unmöglich macht. Damit handelt er vorschnell (gedankenlos) und grob fahrlässig. Wie Clymene überblickt auch der Sonnengott die Folgen seines Tuns nicht. Möglicherweise wollte er die Folgen auch nicht sehen, weil er Iuppiter zeigen wollte, welche Macht er über die Welt hat. Dass sein Sohn die Herausforderung, den Sonnenwagen zu lenken, nicht bestehen wird und sterben muss, nimmt er in Kauf (wenn auch mit Erschrecken und Panik). Aber da er die Gesetze der Göttergesellschaft nicht brechen kann, muss er ihn in sein Unglück laufen lassen. Auch Sol wird nach dem Tod des Sohnes von seinem Gewissen verfolgt. Seine Art zu trauern belegt diese Auslegung des Textes. Denn was kann größere Depressionen hervorrufen als das Bewusstsein, für den Tod des eigenen Kindes verantwortlich zu sein?

Fazit: Clymene trägt eine Mitverantwortung dafür, dass es zu einer solchen Tragödie kommen konnte, Sol trägt die Hauptverantwortung für Phaëthons Tod.

M 5 * **Bindung durch Eid**

Freier Schülerbeitrag

Eltern-Kind-Erzählungen in Ovids Metamorphosen
Klassenarbeit Nr. 1

1. Teil: Interpretation

Als die schöne Io, die Tochter des Flussgottes Inachus (König von Argos), gerade nach Hause zurückkehren will, wird sie von Iuppiter bemerkt; da er von ihren Reizen entzückt ist, spricht er sie an:

>   »O virgo Iove digna tuoque beatum
> nescio quem factura toro. Pete« dixerat »umbras
> altorum nemorum,« – et nemorum monstraverat
>   umbras –
> 5 »dum calet et medio sol est altissimus orbe.
> Quodsi sola times latebras intrare ferarum,
> praeside tuta deo nemorum secreta subibis
> nec de plebe deo, sed qui caelestia magna
> sceptra manu teneo, sed qui vaga fulmina mitto.
> 10 Ne fuge me!« Fugiebat enim. Iam pascua Lernae
> consitaque arboribus Lyrcea reliquerat arva,
> cum deus inducta latas caligine terras
> occuluit tenuitque fugam rapuitque pudorem.

[1]»Jungfrau, du bist Iuppiters würdig und wirst auf deinem Bett doch nur einen gewöhnlichen Mann glücklich machen. Such den Schatten der tiefen Wälder auf,« – und er hatte auf den Schatten der Wälder gezeigt – »während es heiß ist und die Sonne in der Mitte der Bahn am höchsten steht. [5] Wenn du dich fürchtest, allein die Schlupfwinkel der wilden Tiere zu betreten, so wirst du die einsame Gegend der Wälder sicher unter dem Schutz eines Gottes betreten, und zwar eines Gottes, der nicht von niederem Rang ist. Ich halte das himmlische Zepter in der gewaltigen Hand und schleudere die zuckenden Blitze. Fliehe nicht vor mir!« Sie floh nämlich. Schon hatte sie die Fluren von Lerna (See und Stadt bei Argos) [10] und die lyrceischen, mit Bäumen bepflanzten Fluren zurückgelassen, als der Gott die Lande weit und breit in Nebel hüllte, ihre Flucht hemmte und ihr die Ehre raubte.

Blähfeld

Aufgaben zum Interpretationstext	VP
1. Fassen Sie die Worte, die Iuppiter an Io richtet, zusammen, indem Sie die wesentlichen Aussagen auf Deutsch in fünf kurzen Sätzen (inkl. Aufforderungen) wiedergeben.	5
2. Sammeln Sie lateinische Wendungen (mit Versangabe), mit denen Iuppiter die junge Frau beeindrucken will, und halten Sie bei jeder Wendung mit einem deutschen Begriff fest, mit welchen Argumenten Iuppiter das Mädchen Io überzeugen will.	4
3. Versetzen Sie sich in Ios Lage und beschreiben Sie, wie Iuppiters Worte auf sie wirken könnten.	4
4. Analysieren Sie in Vers 12 die Stellung der Wörter und die metrische Gestaltung. Legen Sie dabei den Zusammenhang von sprachlicher Gestaltung und Textaussage dar.	4
5. Bearbeiten Sie **nur eine der folgenden zwei Aufgaben** (entweder nur A oder nur B).	
A Vergleichen Sie Iuppiters Darstellung im Text mit der Darstellung auf dem Bild, indem Sie Gemeinsamkeiten und Unterschiede aufzeigen.	6
Nehmen Sie kritisch Stellung zur bildlichen Darstellung Iuppiters und begründen Sie Ihre Meinung. Iuppiter	2
B Vergleichen Sie die Io- mit der Daphne-Episode. Wählen Sie dazu aus den folgenden Vergleichspunkten drei Aspekte aus und führen Sie jeweils die Gemeinsamkeit oder den Unterschied aus: ▪ Bedeutung des Liebhabers ▪ Herkunft des Mädchens ▪ Grund für die Leidenschaft des Gottes ▪ Art der Werbung des Liebhabers ▪ Gründe des Mädchens für die Ablehnung	6
Nehmen Sie kritisch Stellung zu Iuppiters Auftreten in der Io-Episode und begründen Sie Ihre Meinung	2

2. Teil: Übersetzung

Iuppiters Fehltritt bleibt seiner Gattin Iuno nicht verborgen. Um Io zu schützen, verwandelt
der Göttervater sie in eine Kuh. Doch die eifersüchtige Iuno fordert das schöne Tier als
Geschenk für sich und lässt es von Argos, der mit seinen hundert Augen alles sieht,
bewachen. Oft kommt Io in Gestalt einer Kuh an das Ufer des Inachus, wo sie als Mädchen
spielte. Oft folgt sie ihrem Vater und ihren Schwestern und lässt sich von ihnen streicheln.
Als Io mit ihrem Huf Buchstaben in den Staub zeichnet, erkennt Inachus, dass er seine
Tochter vor sich hat.

»Me miserum!« exclamat pater Inachus. Inque gementis
cornibus et niveae pendens cervice iuvencae.
»Me miserum!« ingeminat. »Tune es quaesita per omnes
nata mihi terras? Tu non inventā repertā
5 luctŭs eras levior. Retices nec mutuā nostris
dictă refers. Alto tantum suspiria ducis
pectore. Quodque unum potes, ad mea verba remugis.
At tibi ego ignarus thalamos taedasque parabam.
Spesque fuit generi mihi prima, secunda nepotum.
10 De grege nunc tibi vir, nunc de grege natus habendus.«

gemere seufzen, stöhnen **pendēns** *übers.* pendet ▪ **niveus** schneeweiß ▪ **cervīx, īcis** *f* Nacken **iuvenca** junge Kuh ▪ **ingemināre** wiederholen ▪ **quaesīta … mihī** *übers.* quaesīta … ā mē ▪ **reticēre** keine Antwort geben ▪ **mutua dicta referre** antworten ▪ **tantum** *Adv.* nur ▪ **suspīrium** Seufzer **remūgīre** zurückbrüllen **thalamus** Ehebett ▪ **taedae** ārum *f* Hochzeitsfackeln ▪ **gener, ī** *m* Schwiegersohn ▪ **grex, gregis** *m* Herde ▪ **habēre** *hier* bekommen	

Texterleichterung für die Verse 4–5:
Tu non inventa luctus levior eras quam reperta.

Eltern-Kind-Erzählungen in Ovids Metamorphosen
Klassenarbeit Nr. 2

1. Teil: Übersetzung

Daedalus, ein Künstler und Erfinder in Athen, erteilte seinem Neffen Perdix Unterricht.
Als Perdix seinen Lehrer und Onkel bald an Kunstfertigkeit übertraf, stürzte ihn Daedalus
aus Neid von der Akropolis (Stadtburg im Herzen von Athen); wegen dieses Vergehens
musste er seine Heimatstadt verlassen. Im Exil auf der Insel Kreta baut Daedalus Minos,
dem König von Kreta, viele Bauwerke, u. a. auch das Labyrinth. Doch sein Hass auf das Exil
und seine Sehnsucht nach der Heimat sind so stark, dass er beschließt, auf dem Luftweg zu
fliehen. Nachdem Daedalus die Flügel gebaut hat, erteilt er seinem Sohn Icarus kurz vor
dem Abflug Fluganweisungen.

Instruit et natum »Medio« que »ut limite curras,
Icare,« ait »moneo, ne, si demissior ibis,
undā gravet pennas, si celsior, ignis adurat.
Me duce carpe viam!« Pariter praecepta volandi
5 tradit et ignotas umeris accommodat alas.
Inter opus monitūsque genae maduere seniles,
et patriae tremuere manūs. Dedit oscula nato
non iterum repetenda suo. Pennisque levatus
ante volat comitique timet, velut ales, ab alto
10 quae teneram prolem produxit in aera nido.

dēmissus niedrig, tief ▪ *gravāre*
schwer machen ▪ *penna* Feder
celsus hoch ▪ *adūrere* anbrennen,
versengen ▪ *viam carpere* den Weg
zurücklegen ▪ *praeceptum* Vor-
schrift, Ratschlag ▪ *āla* Flügel
accommodāre anpassen
monitus, ūs m Ermahnung
genae, ārum f Wangen ▪ *madēre*,
madeō, maduī feucht sein
senīlis, e des alten Mannes
tremere, tremō, tremuī zittern,
beben ▪ *levāre* hochheben
āles, ālitis f Vogel ▪ *tener, era, erum*
zart, jung ▪ *nīdus* Nest

Texterleichterung für die Verse 1–3:
Moneo, Icare,
    ut limite medio curras,
        ne unda pennas gravet,
            si demissior ibis,
        [ne] ignis pennas adurat,
            si celsior [ibis].

Texterleichterung für die Verse 9–11:
velut ales,
    quae prolem teneram ab nido alto in aera produxit.

2. Teil: Interpretation

Als Daedalus und Icarus von Kreta aus in Richtung Griechenland flogen, verließ Icarus
plötzlich die vorgeschriebene Flugbahn.

Deseruitque ducem caelique cupidine tractus
altius egit iter. Rapidi vicinia solis
mollit odoratas, pennarum vincula, ceras.
Tabuerant cerae. Nudos quatit ille lacertos
5 Remigioque carens non ullas percipit auras.
Oraque caerulea patrium clamantia nomen
excipiuntur aqua, quae nomen traxit ab illo.
At pater infelix nec iam pater »Icare« dixit,
»Icare,« dixit, »ubi es? Qua te regione requiram?«
10 »Icare,« dicebat. Pennas aspexit in undis.
Devovitque suas artes corpusque sepulcro
condidit.

[1] Er (gemeint ist Icarus) verließ seinen Führer und vom Drang nach dem Himmel ergriffen nahm er einen höheren Weg. Die Nähe der verzehrenden Sonne macht das duftende Wachs, das Bindemittel der Federn, weich. Das Wachs war geschmolzen. Jener rudert mit seinen nackten Armen [5] und bekommt ohne Ruderwerkzeug keine Luft mehr zu fassen. Und sein Mund, der den Namen des Vaters ruft, wird vom blauen Wasser verschlungen. Aber der unglückliche Vater, der schon kein Vater mehr war, rief: »Icarus!« »Icarus«, rief er, »wo bist du? Wo soll ich dich suchen?« [10] »Icarus«, rief er immer wieder. Da erblickte er die Federn im Wasser. Und er verfluchte seine Künste und legte den Leichnam in ein Grab.

Aufgaben zum Interpretationstext	VP
1. Führen Sie aus, welche Verhaltensweisen des Icarus zu seinem Absturz führen. Belegen Sie Ihre Ausführungen mit lateinischen Wendungen aus dem Text (mit Versangabe).	6
2. Erstellen Sie eine stilistische Analyse der Verse 8–10A. Legen Sie dabei den Zusammenhang von sprachlicher Gestaltung und Textaussage dar.	6
3. Vergleichen Sie das Verhalten der beiden Väter: das des Daedalus mit dem des Sonnengottes Sol im Phaëthon-Mythos.	5
4. Führen Sie in eigenen Worten aus, wie der Mythos von Daedalus und Icarus im Text von F. Bacon (Text siehe unten) interpretiert wird.	4
5. Erläutern Sie (eventuell auch an einem Beispiel), wie ein Mittelweg zwischen »Überschwang und Mangel an Überschwang« gelingen könnte.	4

»Dieses Gleichnis *(gemeint ist der Icarus-Mythos)* ist einfach und wohlbekannt. Der Pfad der Tugend liegt gerade in der Mitte zwischen Überschwang und Mangel *(ergänze: an Überschwang)*. Es ist kein Wunder, dass Icarus dem Überschwang zum Opfer fiel, denn Überschwang ist die naturgegebene Sünde der Jugend, während der Mangel die des Alters ist. Freilich wählt die Jugend unter den beiden unheil- und schmerzvollen Wegen den besseren. Denn die Sünden des Mangels werden zu Recht für schlimmer gehalten als die Sünden des Überschwangs.«

F. BACON, Scylla and Icarus, or the Middle-way, aus: BACON, F.: De Sapientia Veterum and The Wisedome of the Ancients, London 1609 und 1619, aus dem Englischen übertragen von MARINA MÜNKLER. Aus: AURNHAMMER, A./MARTIN, D. (Hg.): Mythos Ikarus, Texte von Ovid bis Biermann, Leipzig 1998, 51.

Erwartungshorizont

Allgemeine Hinweise

Die Lektüreeinheit ist so konzipiert, dass man im Unterricht entweder nur eine der beiden genannten Episoden oder beide behandeln kann. Daher werden zwei Klassenarbeiten vorgestellt, von denen sich die erste Klassenarbeit im Anschluss an die Lektüre der Daphne-Episode, die zweite Klassenarbeit im Anschluss an die Lektüre der Phaëthon-Erzählung anbietet. Sollten im Unterricht beide Episoden behandelt worden sein, kann der Lehrer eine der beiden Klassenarbeiten auswählen.

Analog zum Lektüremodell bestehen die Klassenarbeiten jeweils aus einem Übersetzungs- und einem Interpretationsteil, die zu je 50 % gewichtet werden. Für die Bearbeitung der Klassenarbeiten sollte den Schülern mindestens eine Doppelstunde zur Verfügung gestellt werden.

Die Lösungsvorschläge zur Interpretation stellen mögliche Aufgabenlösungen vor. Dabei werden gelegentlich mehr Punkte aufgeführt, als vergeben werden können. Damit soll lediglich der Horizont möglicher Antworten erweitert werden.

Selbstverständlich sind über den Erwartungshorizont hinaus auch andere Lösungen zuzulassen, wenn sie der Aufgabenstellung entsprechen und sachlich richtig sind.

Bei der Interpretation kann der Lehrer für besonders gut und umfassend beantwortete Fragen bzw. bearbeitete Aufgaben bis zu zwei zusätzliche Verrechnungspunkte vergeben.

Bewertungsmaßstab

Übersetzung		Interpretation	
Fehler	*Note*	*Verrechnungspunkte*	*Note*
0–1	1	25–24	1
1,25–2,25	1–2	23–22	1–2
2,5–3,5	2	21–20	2
3,75–4,75	2–3	19–18	2–3
5–6	3	17–16	3
6,25–7,25	3–4	15–14	3–4
7,5–8,5	4	13–12	4
8,75–9,75	4–5	11–10	4–5
10–11	5	09–08	5
11,25–12,25	5–6	07–06	5–6
12,5	6	05–00	6

Wenn sich die Übersetzung eines Schülers bzw. einer Schülerin an einzelnen Stellen durch große Treffsicherheit auszeichnet oder die Übersetzung insgesamt von besonderer stilistischer Gewandtheit ist, kann max. ein Fehler ausgeglichen werden.

Klassenarbeiten

Lösungsvorschläge zur Klassenarbeit Nr. 1 (Interpretation)

Aufgabe 1

Du bist meiner würdig. (1 VP) – Du wirst nur einen gewöhnlichen Mann glücklich machen. (1 VP) – Geh in den Wald! (1 VP) – Ich beschütze dich dort. (1 VP) – Ich bin nicht irgendwer, sondern der mächtigste Gott. (1 VP) – Flieh nicht vor mir! (1 VP)

Aufgabe 2

Lateinische Wendungen (4 VP)	Werbende Argumente (4 VP)
virgo Iove digna (1)	Göttlichkeit
praeside tuta deo (6)	Schutz
nec de plebe deo (7A)	Ansehen, Prestige
Non de plebe deo, sed qui caelestia magna sceptra manu teneo, sed qui vaga fulmina mitto (7B–8B)	Macht

Aufgabe 3

Iuppiters Worte könnten Io zum einen schmeicheln, da sie sich geehrt fühlen kann, dass ein so mächtiger Gott Gefallen an ihr findet und ihr seinen Schutz anbietet (2 VP). Auf der anderen Seite rufen seine »Angebote« vermutlich Ängste in ihr hervor, da sie seiner Macht nichts entgegensetzen kann und ihm hilflos ausgeliefert ist (2 VP). Die Tatsache, dass Io flieht und Iuppiter sie vergewaltigt, zeigt, dass ihre Ängste berechtigt waren.

Aufgabe 4

- Das in der Mitte des Verses stehende Substantiv *fugam* steht als Metonymie für das fliehende Mädchen Io. Von beiden Seiten ist Io durch die Verben *tenuitque* und *rapuitque* Iuppiters Zugriff ausgesetzt: Mit dem Verb *tenuit* stoppt Iuppiter ihre Flucht, mit dem Verb *rapuit* tut er ihr Gewalt an. Die Stellung der Wörter bildet die Situation ab. (2 VP)
- *ōccŭlŭīt tĕnŭītquĕ fŭgām răpŭītquĕ pŭdōrĕm*: Die sechs Daktylen zeichnen die schnelle, brutale Vergewaltigung nach. (2 VP)

Aufgabe 5

Teilaufgabe A

Gemeinsamkeiten

- Iuppiters herausgehobene **Stellung**; im Text: *nec de plebe deo* (7A), auf dem Bild: Iuppiter in selbstbewusster Herrscherpose (2 VP)
- Iuppiters **Eitelkeit**; im Text: *O virgo Iove digna tuoque beatum nescio quem factura toro* (1B–2A), *caelestia magna sceptra manu teneo* (7B–8A); auf dem Bild: gestylter, akkurat frisierter, durchtrainierter Iuppiter (2 VP)
- Iuppiters **Aufgabenbereich** und seine **Attribute**: Verantwortung für Wetter (Wolken), Schleudern von Blitzen; im Text: *vaga fulmina mitto* (8B); auf dem Bild: Blitz in Iuppiters rechter Hand (2 VP)

Unterschied: Das Bild stellt Iuppiters körperliche Vorzüge zur Schau (ein durchtrainierter Gott). Im Text stehen Iuppiters Stellung und seine Macht im Mittelpunkt (s. o.), während über sein Aussehen keine Aussagen gemacht werden. (2 VP)

Mögliche Aspekte einer Stellungnahme:
Die bildliche Darstellung setzt wesentliche Elemente des traditionellen Iuppiter-bildes in eine moderne, jugendnahe Bildersprache um:

- Seine **Macht** und die Mittel, diese durchzusetzen. Gezeigt werden der Speer, den der Gott wurfbereit in seiner rechten Hand hält, und der Schild mit dem eigenen strahlenden Abbild in der Mitte zur Abwehr von Angriffen. Sein Körper biegt sich in der Wurfbewegung und unterstützt die Wucht des Wurfes. Im Hintergrund deuten dunkle Wolken auf die Naturerscheinungen hin, mit denen Iuppiter seine Strafaktionen begleitet. (2 VP)
- Seine **Eitelkeit**: Bei Ovid zeigt Iuppiter seine Eitelkeit, indem er für selbstverständlich erachtet, dass ein junges Mädchen seine Berührungen will; für ihn besteht nur die Frage, ob er das Mädchen will *(Iove digna)*. Diese Form der Eitelkeit stellt der Künstler nicht dar. Er transferiert sie auf äußere, sichtbare Attribute. Der Betrachter hat bei diesem Bild das Gefühl, Iuppiter hätte die Bewegung des Speerwurfes vor dem Spiegel einstudiert, alle Bewegungen erscheinen fließend und dennoch künstlich. Was man sieht, wirkt wie eine Inszenierung der Person und ihrer Macht. Dazu gehört auch das sorgfältig arrangierte Äußere. (2 VP)
- Sein **Selbstverständnis**: Dieser Aspekt, der bei Ovid z. B. in den Versen 7A–8B herauszulesen ist, wird im Bild eher ironisiert, fast karikiert. Denn die Sonnenbrille kann als Hinweis verstanden werden, dass dem Gott sein eigener Glanz zu schaffen macht. Die Sonnenbrille könnte auch so gedeutet werden, dass Iuppiter seine Augen verschatten und seine Miene undurchdringlich machen will. Wer eine Sonnenbrille braucht, um seinem Gesicht einen bedrohlichen Touch zu geben, wirkt komisch. (2 VP)

Teilaufgabe B

	Daphne-Episode	Io-Episode
Bedeutung des Lieb-habers	Apollo ist einer der höchsten Götter. (1 V P)	Iuppiter ist der höchste Gott. (1 V P)
Herkunft des Mädchens	Tochter des Flussgottes Peneius (1 V P)	Tochter des Flussgottes Inachus (1 V P)
Gründe für die Leiden-schaft des Gottes	Amors Strafaktion an Apollo (1 V P)	Iuppiters Begeisterung für die schöne Io (1 V P)
Art der Werbung des Liebhabers	Während der Flucht lange Rede, kurzer Sinn: Ich bin der Beste. (1 V P)	Während der Flucht: kurze Rede, kurzer Sinn: Ich bin der Mächtigste. (1 V P)
Gründe des Mädchens für die Ablehnung	Wunsch nach Jung-fräulichkeit (1 V P)	Angst vor Vergewalti-gung (1 V P)

Mögliche Aspekte der Stellungnahme:
Iuppiters Auftreten und Verhalten ist äußerst egozentrisch und rücksichtslos. Er handelt aus einer Laune heraus bzw. aus einem erotischen Reiz, den ihm Io unbe-wusst vermittelt. In seiner selbstverliebten Art macht er sich nicht die Mühe, seine Absichten zu verschleiern, sondern kommt gleich auf den Punkt: Es geht ihm um eine Affäre *(toro)*. Er fragt weder nach Ios Bedürfnissen und Wünschen, noch geht er auf ihre Ängste ein, die in ihrer Flucht *(fugiebat enim)* zum Ausdruck kommen. Ihm geht es lediglich um die Befriedigung seiner Lust, die er sich unverzüglich und mit Gewalt verschafft *(rapuitque pudorem)*.

Lösungsvorschläge zur Klassenarbeit Nr. 2 (Interpretation)

Aufgabe 1

Icarus orientiert sich nicht mehr an seinem Führer / Vater, sondern verlässt ihn: *deseruitque ducem* (1) (2 V P) – Icarus wird vom Höhenrausch ergriffen: *caelique cupidine tractus* (1) (2 V P) – Icarus nimmt eine höhere Flugbahn und nähert sich damit zu sehr der Sonne: *altius egit iter* (2A) (2 V P).

Aufgabe 2

Die **Anaphern** *Icare, Icare, Icare* und *dixit, dixit, dicebat* (8–10), verbunden mit **Geminatio**, veranschaulichen, wie aufgewühlt der Vater ist. (2 V P)

Durch die iterative Aktionsart des Imperfekts *dicebat* wird angedeutet, dass Daedalus wieder und wieder nach seinem Sohn ruft.

Die **Antithese** *at pater – nec iam pater* (8) zeigt, dass Daedalus von einem zum an-deren Moment den schmerzlichen Verlust seines Sohnes verkraften muss. (2 V P)

Die **wiederholte, leicht variierte Frage** (9) *ubi es? qua te regione requiram?* bringt zum Ausdruck, wie ratlos Daedalus ist und wie verzweifelt er seinen Sohn sucht. Dem Leser wird vor Augen geführt, wie Daedalus' Blick das Gebiet des Absturzes absucht. (2 VP)

Aufgabe 3

Daedalus verflucht seine Künste (11: *devovitque suas artes*) und fühlt sich verantwortlich für den Tod seines Sohnes. (1 VP) Zugleich wird deutlich, dass er aktiv ist und pragmatisch handelt, indem er seinem Sohn die letzte Ehre erweist und ihn bestattet (11/12: *corpusque sepulcro condidit*). (1 VP)

Sol zieht sich ganz aus der Gesellschaft zurück und will seine Pflicht als Sonnengott nicht mehr erfüllen. (1 VP) In seiner Trauer denkt er nicht an seine eigene Verantwortung für den Absturz (1 VP), sondern ist vielmehr voller Zorn auf Iuppiter und (stellvertretend für diesen) auf die Sonnenrosse. (1 VP)

Aufgabe 4

Nach F. Bacon ist der Mythos von Daedalus und Icarus ein Gleichnis für das unterschiedliche Verhalten junger und älterer Menschen in Lebenssituationen, in denen es um moralische Entscheidungen geht. (1 VP) Während junge Menschen durch überschwängliche Leidenschaft und Begeisterung angetrieben werden (1 VP), zeichnet sich die ältere Generation durch ein bedächtiges und abwägendes Verhalten aus. Schließlich verfügen ältere Menschen oft über wichtige Erfahrungen, die junge Menschen noch nicht erworben haben. (1 VP) Beide Extreme werden im Text als Sünden bezeichnet und erhalten dadurch einen religiösen Touch (wobei die Sünde der älteren Generation als schlimmer eingeschätzt wird als die der Jugend).

F. Bacon betont, dass junge Menschen oft impulsiv und rasch, ältere dagegen besonnener und vernünftiger handeln. Er plädiert für den goldenen Mittelweg. (1 VP)

Ein Mittelweg könnte gelingen, wenn beide Generationen ihre je eigenen Sicht- und Verhaltensweisen gemeinsam in eine dynamische Balance bringen könnten. Das setzt freilich voraus, dass jüngere und ältere Menschen bzw. überschwängliche und abgeklärte Menschen das Verhalten und die Sichtweise des jeweils anderen Menschen als Bereicherung und Chance ansehen, die eigene Perspektive zu ergänzen, zu relativieren oder ggf. zu korrigieren. Sind auf beiden Seiten Verständnis und Offenheit vorhanden, können Menschen in einen Dialog treten und die Sichtweise des jeweils anderen Menschen bzw. der jeweils anderen Generation in ihre Entscheidungen und ihr Handeln einbeziehen. (4 VP)

Literaturverzeichnis und Internet-Adressen

Textausgaben und Übersetzungen

OVID, Metamorphosen, bearbeitet von Hans-Joachim GLÜCKLICH (EXEMPLA 7), Göttingen 1989 (2. durchgesehene Auflage).

OVID, Metamorphosen: Das Buch der Mythen und Verwandlungen. Neu übersetzt und hg. von Gerhard FINK, München / Zürich 1994 (4. Auflage).

OVID, Metamorphosen: LATEIN KREATIV 1, hg. und bearbeitet von Rudolf HENNEBÖHL, Bad Driburg 2006.

OVID, Metamorphosen: Übungsheft, LATEIN KREATIV 1, hg. und bearbeitet von Rudolf HENNEBÖHL, Bad Driburg 2006.

Sekundärliteratur

VON ALBRECHT, M.: Interpretationen und Unterrichtsvorschläge zu Ovids »Metamorphosen« (CONSILIA 7), Göttingen 1984.

VON ALBRECHT, M.: Das Buch der Verwandlungen. Ovid-Interpretationen, Düsseldorf und Zürich 2000.

AURNHAMMER, A./MARTIN, D. (Hg.): Mythos IKARUS, Leipzig 1998.

BENDER, A.: Eltern und Kinder in den Metamorphosen Ovids, Staatsexamensarbeit, ausgeführt am Seminar für Klassische Philologie der Universität Heidelberg 1987.

BÖHME, H.: Phaeton, Prometheus und die Grenzen des Fliegens, in: Wolf R. DOMBROWSKY/Ursula PASERO (Hg.): Wissenschaft, Literatur, Katastrophe. Festschrift zum sechzigsten Geburtstag von Lars Clausen, Opladen 1995.

BÖMER, F.: P. Ovidius Naso. Metamorphosen. Kommentar zu Buch I–III, Heidelberg 1969.

DIETZ, G./HILBERT, K.: Phaethon und Narziss bei Ovid (Heidelberger Texte – Didaktische Reihe 3), Heidelberg 1970.

GIEBEL, M.: Ovid, Reinbek 1991.

HÖLKESKAMP, K./REBENICH, S. (Hg.): Phaëthon. Ein Mythos in Antike und Moderne, Stuttgart 2009.

HOLZBERG, N.: Ovid. Dichter und Werk, München 1997.

HOLZBERG, N.: Ovids Metamorphosen, München 2007.

JANKA, M./SCHMITZER, U./SENG, H.: Ovid. Werk – Kultur – Wirkung, Darmstadt 2007.

KUHLMANN, P.: Fachdidaktik Latein kompakt, Göttingen 2009 (2., durchgesehene Auflage).

MUNDING, H.: Antike Texte – Aktuelle Probleme. Existentieller Transfer im altsprachlichen Unterricht, Bamberg 1985.

RUMPF, E.: Eltern-Kind-Beziehungen in der griechischen Mythologie, Frankfurt am Main / Bern / New York 1985.

SCHMIDT, E. A.: Ovids poetische Menschenwelt. Die Metamorphosen als Metapher und Symphonie, Heidelberg 1991.

SCHMITZER, U.: Zeitgeschichte in Ovids Metamorphosen. Mythologische Dichtung unter politischem Anspruch, Stuttgart 1990.

SCHMITZER, U.: Ovid, Hildesheim / Zürich / New York 2001.

SCHOLZ, I.: Offene Unterrichtsformen im Lateinunterricht. Freiarbeit am Beispiel von Ovids Metamorphosen, in: Friedrich MAIER (Hg.): Bildung ohne Verfallsdatum. Der Lektüreunterricht im Umbruch, Bamberg 2003, 109–133.

SCHOLZ, I.: Mit Bildern auf Entdeckungsreise im Lateinunterricht, in: Ingvelde SCHOLZ (Hg.): Latein lernen – mit allen Sinnen, Bamberg 2007, 58–110.

SCHULZ VON THUN, F.: Miteinander reden 2, Reinbek bei Hamburg 1989

ZANKER, P.: Augustus und die Macht der Bilder, München 1997 (3. Auflage).

Internetadressen

http://www1.ku-eichstaett.de/SLF/Klassphil/grau/eichst.htm (Eichstätter Datenbank zur Antike-Rezeption)

http://www.telemachos.hu-berlin.de/materialien/ovidprojekt/start/start.html (mit Hörbeispielen)

http://etext.lib.virginia.edu/latin/ovid/ovid1563.html (Illustrationen von Virgil Solis aus der Renaissance)

http://www.uvm.edu/~hag/ovid/baur1703/index.html (Abbildungen von Johannes Baur, 1703)

http://www.uvm.edu/~classics/ambrose/clas-42art5.html (Bildersammlungen der Universität von Vermont)

http://www.latein-pagina.de/ (mit zahlreichen Abbildungen zu einzelnen Mythen)